U0093682

繁星
閃爍時

吳秋霞、黃乃江　主編

淡江大學出版中心

那年大家一起的旅行

2014 年福建師範大學文學院與台灣淡江大學合作，開設全國第一個閩台聯合培養文化產業人才專業的「文化產業管理班」，每屆同學透過不同的主題來記念這段學習歷程，典藏這段青春記憶。

看著歷屆同學，各有屬於自己班級的風格與特質，2017 級同學因為疫情下學期只能透過視頻上課，他們並未因此怠惰學習，反而更珍惜這段少二分一來台學習的經歷。加上本屆同學比較宅，不似過去的學長姐足跡踏遍台灣每個角落。不難發現大部份同學都是介紹台灣北海岸最火紅的幾個打卡秘境，水湳洞陰陽海、水湳洞選煉廠遺址（十三層遺址）、九份、金瓜石、十分瀑布、平溪放天燈，瑞芳的深澳岬角—象鼻岩是最多同學留影的地方。

同學最愛的莫過於淡江大學覺生圖書館，是他們最常去的地方，無論是藏書、期刊、電子期刊、非書資料室裡的小區，如電影欣賞區，媲美一座小型電影院，是一座館藏豐富的圖書館。

一群情同手足，姐妹情深的同學，創造出一個凝聚力強、積極向上的班級，一起成長、一起學習，有時會嬉笑打鬧，遇到困難時彼此相互幫助，像一個溫暖的大家庭，有著共同的夢想。懷念彼此相遇的日子，懷念那些刻畫在內心裡的記憶，也許這段情感會逐漸地塵封，但是這段記憶卻是彼此無法忘卻的牽掛。想起那年夏天的蟬鳴、淡水的寒風，以及那年大家一起的旅行。

　　本書是 38 位同學共同的記憶，一起寫下 38 篇屬於自己的日記，記錄大三這一年的喜、怒、哀、樂，在這 38 人組成的世界裡，有數不盡的故事。

淡江大學 資訊與圖書館學系 主任

出版中心 主任

歐陽崇榮

2020 年 8 月 10 日

因為擁有青春—寫給《繁星閃爍時》

　　初夏的黃昏，偷得幾許閒暇，我靜靜地翻閱《繁星閃爍時》，追隨 38 位作者嶄新而敏感的腳步，進入一個似曾相識的世界：風味獨特的小吃，追風逐雲的旅途，窗前的呢喃，宅裡的小事，如約而至的情愫，不經意間的認知和領悟⋯⋯忽然覺得：唯有青春是美麗的！

　　青春的生命因歌唱而充實，因充實而生機勃發。為了靈魂深處的悸動，為了第一次真誠的歌唱，為了早春的首度邂逅，或者，僅僅為了純情、天真和虛榮，一群少男少女金子般的年華在地上行走，在空中漫遊，在我眼前嘩嘩的流淌。這是淡水河邊最優美的天籟，是 20 歲的心靈獨白和浪漫序曲，是太陽的情致和夢幻的斷想，是天真的憂傷和丁香的氣味，是高貴的蓓蕾跳動的心律⋯⋯

　　因為擁有青春，他們以凝眸的方式記載心靈的日出，開始生命旅程中簡單、真誠的注視：幻想的花朵，幸福或感傷的流雲，心靈深處最隱秘的抽搐，無端煩惱纏繞的靈魂，朦朧的觸碰和隱約的慌亂⋯⋯有時，他們守望等待；有時，他們憧憬遇見；有時，他們的身軀朝著一個目標行進，喉管朝著一個方向吶喊。他們純潔且騷動，鼓噪且優雅，敏感而柔韌，犀利而潤澤，所有令人震撼、欣慰、激動、擔憂的故事，都流淌著玫瑰的色彩。他們如待放的花苞燦然開放，如海鳥的翅膀劃破空氣，如湧動的潮汐撞擊海岸，青春的呼吸瀰漫在空氣，夢想的高度就是生命的深度。

　　因為擁有青春，他們感受生命，體驗行走，像上帝一樣思

考,像平民一樣生活。世情和人心是他們敏感的心靈最先感知的陽光和雨露;真、善、美,喜、憂、哀被具象賦予神秘的引力;學習和感悟、旅途和美食乃至枝枝蔓蔓的瑣事,都成為青春血管裡激動人心的喧嘩。他們無拘無束,張揚個性,以搖滾定義青春,用詩情告白生命,嚮往遠方和未知,渴望身心的解放和燃燒的征程。日記中有的深掘表層文化,有的接近樸素真理,有的整理和審視變幻多彩的世界,或許焚激緊張,或許敏感柔韌,或許絮絮叨叨,但都是純情和才情的裸露和靈氣的閃光,是他們對青春爛漫時節的記憶和對自身能量千百次的確認。

因為擁有青春,他們的歌唱最嘹亮真誠,他們的述說最精彩親切,他們的呼吸最自由自在!思想火花無羈碰撞,情感流露直接順暢,推卻四平八穩的平靜,拒絕道貌岸然的成熟,討厭藏在高尚思考裡的虛偽。他們有的是激情,澎湃的激情就是生命最好的敘述;他們也無需證明,勃動的氣息就是最好的證明。當他們跑得太快而跌倒時,當他們盡情歌唱而嘶啞時,當他們疲倦時,當他們憂傷時,只要有一團溫馨的和風忠實地跟隨,他們就願意堅強,願意拼搏,願意眷念,願意銘記。他們熱愛生命,渴望生活的擁抱,由衷地相信年輕等於昂揚向上和奮然前行,把青春無悔視作漫漫旅途的座右銘。

因為擁有青春,他們的夢永遠沒有終點。我相信,年輕的觸角可以伸向四野,像空氣一樣彌漫;我相信,青春的信念可以扶搖直上,像大鵬一樣飛翔。

福建師大文學院

李彬源

2020 年 8 月 10 日於福州在塵閣

目次

淡水日記 / 陳超凡 1

二十四時祭 / 陳悅婷 6

「我的」合唱團 / 陳君沂 12

我和台灣有個約定 / 陳曉芳 18

葉遊台灣 / 葉澤平 24

遇見彼岸 / 陳昶盛 30

淡水之行 / 管閩浩 36

田野調查中 / 陳經偉 42

Tamsui / 陳志銘 48

不虛此行 / 汪紅紅 54

二十四小時清醒記 / 林逸凡 60

巷弄深處的驚喜 / 黃俊宏 66

南投遊記 / 邱淩雁 72

太平洋和風 / 陳霖 78

隨機播放 / 林錦瑜 84

討人厭的字 / 賴偉鴻 90

陌生的台灣 / 翁楠 96

一天 / 謝雅思 102

台灣是一塊寶地 / 陳德順 108

十分輕鬆 / 張鵬 114

合氣道社 / 肖雅琳 120

Life in Taiwan / 郭晨晨 127

雜 / 張祥尉 132

雜思 / 蔡晨昊 138

北岸瑣事 / 吳詩潔 144

時光剪影 / 徐芬 150

南投三日遊 / 賴炎彤 156

Formosa / 凌欣潔 160

花開四季 · 一期一會 / 王逸欣 166

好多好多的喜歡可否相抵思家 / 盛尹桑 172

台灣生活的日常記錄 / 楊婷 178

慢下來 / 陳淑豔 184

新北周邊一日遊 / 曾舒琪 190

流浪到淡水 / 劉若旻 196

Living in Tamkang / 駱君婷 202

日常藍調 / 楊智宏 208

在台灣的小幸運 / 張藝彬 214

2019 年，108 年 / 李薇 220

後記 / 葉澤平 226

淡江校園—校園快閃藝術活動，將落葉排成愛心。
攝影：吳秋霞

淡水日記

陳超凡

開始寫這則日記時才發現已經在台灣待三個月了，正好是一個季度，從炎炎夏日步入涼秋再跨進寒冬。回想這段旅程最難忘的還是剛落地台北的那個夜晚，坐在大巴上，每個人興奮地探頭張望兩旁的街道。什麼都是新鮮的，各色的招牌，呼嘯而過的機車，連最不起眼的公車站看板也是新奇的。大巴一路往淡水開，到宿舍收拾好已經是凌晨兩點，第二天醒來，嶄新的生活悄無聲息地拉開了序幕。

在這生活的三個月，我察覺到兩岸確實還是存在著些許差異，差異體現在飲食生活的方方面面。比較福建的甜口，台灣的

口味更甜、更清淡一些。在大陸的奶茶店是不會看到老年人的，老一輩的人把奶茶這類飲品列入垃圾食品行列。但是在台灣不一樣，奶茶店、咖啡店門口常常能看到三五位中老年人坐著閒聊，你出門時看到他們坐在那兒，晚上再經過時還能看到他們，好像可以就那麼坐著聊上一天。有件很奇怪的事，不管多大的太陽、多曬的天，台灣的女生是從不打傘遮陽的。但是她們的皮膚一個比一個白，一個比一個嫩，就像剛剝開蛋殼的雞蛋一樣。問過果汁店的叔叔和在文創園區認識的手作店小姐姐，得到的一致回答是：曬慣了。換成是我，不會曬慣只會變成一個黑炭吧。

相較大陸的大學課堂，台灣的課堂沒有太多的規矩。你可以在課堂上吃早餐、吃便當，老師對於遲到這件事的包容度也更大些。很少是只有老師一個人在講，課堂上更多是師生、學生間的互動交流，有很多的思維碰撞替代單一的「你說我聽」的刻板教學。在福師大時，大部分時間我們還是被拘泥在小小的教室裡，我們總是在接收過多的理論知識。台灣的教學反而是更多投入在實踐活動中，在課堂之外增設了許多戶外活動，比如南投三日戶外教學，切身瞭解原住民相關的內容；剪紙及動手製作文創產品。

和在福師大時不太一樣的是，我們不住在淡江大學的學校裡，而是住在距離學校步行約二十分鐘的一棟學生公寓。一共是十五層，下面是男女生宿舍，頂樓是公共廳。R樓有健身器材、洗衣房、自習課桌椅、小電視、沙發椅子等，基本可以滿足日常需求。到了晚上，R樓就會變得格外熱鬧，有圍著小桌子開會

的；有坐成一大圈玩桌遊的；還有彈吉他伴著歌聲的外國男孩、女孩們，也常常在陽台外看到抽菸解悶的人們。淡江學園的四樓有個小廚房，每次飯點剛出電梯門就可以聞到香噴噴的味道。廚房的兩個冰箱都被塞得滿滿的，櫥櫃也被擺得滿滿的，小桌子上換一批又一批的人在吃飯看劇。

學園不僅有電梯，還沒有門禁！過了晚上 10 點鐘還可以偷偷跑下樓買東西吃。住在學園特別便利，下樓 50 米開外就有兩家便利店，附近有很多的餐廳，麵食米飯各種美食都有。我最愛吃的是和學園隔著一條街的炸雞和紅豆湯，或者是撞奶配炸雞，總之什麼和炸雞都是百搭的。唯一不足的就是宿舍的隔音很差，只要稍微大聲一點，聲音就會傳到隔壁，窗外的車聲和風聲也來湊熱鬧，晚上會有四面八方的噪音吵得你睡不著覺。早上鬧鐘還沒響，就先被隔壁的聊天對話叫醒，偶爾還能聽到樓下幼稚園的音樂，生活氣息十足。總是誤響的警報也很煩人。有時候會抱怨在這吃不到大陸的美食，還沒有整改的福師大學生街，很多冒著熱氣的小店面和校門口的小攤子，我們常常去買的烤冷麵、食堂二樓的鍋貼、麻辣燙，每一次拿不定主意吃什麼時就會開始想念。

值得一提的是，台灣人對待寵物就像對待自己的孩子一樣。很多人的車上會有專門給小寵物安置的座位，有的人甚至把狗狗們放在嬰兒車或是自行車的前後座上推著出門。後來問了一

3

個當地人瞭解到，大部分的台灣人都很喜歡寵物，並且真的把它們當作自己的小孩一樣。在這些人之中有一部分是頂客族，選擇不生育的夫妻。他們在出行時會將寵物時刻帶在身邊，主人和朋友坐在咖啡店門口聊天，狗狗就趴在一旁曬太陽。

　　九月結束後，我在台灣的生活已經悄悄架構起了兩個平行世界。一個我今天在這個場館玩玩拍拍，明天在那個夜市吃吃喝喝，沒有煩惱。另一個我看著微信裡一排作業群抓腦袋。我打開「zine」，10 月 31 日我在上面寫下「10 月份以各門作業完成了個開頭作為結束，去迎接更加忙碌的 11 月」，果不其然，11 月後再沒寫過日記。一隻手數不過來的小組作業，每週都有會要開，頻繁的外出拍攝作業，一個個任務無縫銜接串成了我的每一天，偷懶打遊戲的時間也被克扣。

　　沒有課的週末是我最喜歡的，你可以選擇出遊，也可以在宿舍當個宅女。台灣各地都有各種各樣的展覽演出活動。根據自己的喜好選定去處，帶上合拍的夥伴就可以消磨上一天的空閒。把行程安排的閒散些，不用為了趕時間擠高峰的公車或捷運，沒有座位就等下一班。在車上聽聽歌，享受旅行的每一個過程。如果沒有出行計劃待在宿舍也是個很不錯的選擇，和舍友窩在一起打遊戲，遇到豬隊友就一起開麥大罵，到點了一起下樓吃飯。到了晚上捧著一杯奶茶點開早就準備好要看的電影，別提有多舒適啦！

　　淡水的冬天很討人厭，一週七天有五天在下雨。稀稀落落的

雨，你不知道會在哪個轉角突然襲來的大風，被吹折的傘柄，通通可以把我打倒。呼出一團熱氣打發等公車的時間，濕掉的帆布鞋和冬寒裡的車程顛簸，潑灑出整夜的瑣碎鬱悶。可是在耳機裡頭的歌切換到「冬季到台北來看雨」後又覺得也沒有那麼糟糕。

有一個晚上我和同學偷跑去學園附近的社區，吃了超甜的霜淇淋，躺在社區溜滑梯上聊到了凌晨一點。頭上深藍的天，還有稀稀落落的幾顆星星。時間變得很安靜，我們可以什麼都不用想，此刻我們有一整晚的時間去逃避不想要到來的事。聊到兩個人手機都沒有電了才準備起身回宿舍，我們花了十分鐘爭論要用最後 2% 的電量聽〈南方姑娘〉還是伍佰的〈算了吧〉，最後誰也不讓誰。

台灣的生活很慢，慢到我恍惚了時間進程，讓人想要狂點人生遙控器上的「快進」按鍵。大家好像都已經融入這裡的生活，每天都很稀鬆平常。這裡的人兒都很有禮貌很溫柔，早上經過早餐店，店長叔叔會和你說「要加油喔」，滷味店的阿姨會告訴你哪些地方是必去的。傍晚回學園也總能看到好看的夕陽，每一天都在這樣平和緩慢地過。在這兒你可以短暫放下對即將到來的大四生活的焦慮煩悶，不用著急為考研和工作焦頭爛額，這裡是帶你短暫逃離現實的烏托邦。

二十四時祭

陳悅婷

三十五攝氏度・冷熱飄忽

　　來台灣的前行準備中最令人頭疼的事情是「帶什麼溫度的衣服」，有人說這裡和福州差不多，有人說台灣溫暖無寒冬，但事情的真相是，你可以在一天中體驗到春夏秋冬。

　　如果有一種聲音是關於台灣的，我相信那一定是機車的轟鳴聲。或許不會看見一到高峰時路上的擁堵，車與車之間狹小的縫隙，使盞盞、串串車燈組成了一條條紅籠，它承載著迫切的相聚、它承載著溫暖的歸心、它承載著焦躁不安、它承載著諸多

夢。在這裡，你會看到數不清的機車，交錯排列在斑馬線前，就像等待著一聲槍鳴的短跑運動員：「三、二、一，衝！」一晃眼，彷彿從沒有存在過，機車文化烙印在每一個台灣人的心裡，也烙印在深夜不願開窗睡覺的異鄉學子的心裡。哪怕機車的轟鳴聲與熟睡的城市是極不搭的，但它是有溫度的，它是我們關於一個地域的記憶。

大家常常說的一句話便是「好冷」，準備去上課前一定會互相叮囑帶上一件外套，沒有一件外套的 TKU 學子是不可愛的，因為圖書館和教室的室溫真的低到哭泣，如果進進出出多那麼幾次，感冒一定是我們的歸宿。

走在路上，如果想要辨認「自己人」，最好的方法便是看「傘」，大陸人也太喜歡撐傘遮陽了，而台灣人拒絕把自己與太陽隔離，喜歡擁抱陽光，再刺眼、氣溫再炎熱，都沒有關係。仔細一想，這樣的生活方式才是令人艷羨的，因為不受「防曬抗衰老」的綁架、不受「不打傘就是粗糙」的綁架，接納自己的任何模樣，欣賞各式各樣的美。

我很想對自己說：自在地穿起寬大的花襯衫吧，自在地穿起不遮陽的短褲吧，適時地帶上外套保護自己吧，做一個隨心隨性生活的個體，擁抱不適、忽視轟鳴、留存溫度，體會不曾體會的風情，這才是生活的意義。

三十攝氏度・萬裡無雲

　　如果說三十五攝氏度是不合時宜的炎熱、二十五攝氏度是陰晴不定的焦灼、二十攝氏度是風雨交加的噩夢，那麼三十度將是最適合外出的日子。三十度的台灣，將是日日晴朗，萬裡無雲，哪怕有一點點的炎熱，也將被風的吹拂帶過，這時不妨就背上行囊，出去看看台灣特色的文化產業吧。

　　這裡有「肥胖」夜市，快樂奶茶和美味炸雞的家鄉，就算是下定決心要減肥的美眉，進入台灣的夜市也會忍不住想要吃幾口特色小吃。

　　這裡有「文創」市集，拋卻了大量的工藝複製品，從可愛又精緻的小物件，到藏有一個個動人故事的創意品，凝聚著數不清匠人的赤誠之心，總能發掘到擊中自己內心的文創商品。

　　這裡有「樣板」眷村，藏匿於繁華台北 101 之下的四四南村，仔細還原古老眷村模樣的眷村文化館，不定期上演著各式各樣的文藝表演，固定在週末開辦的文創市集，隱匿在燈紅酒綠裡的人情味，小小的四四南村，不小的文藝味兒。

　　這裡有「閩味」茶廠，說到茶，人們很容易聯想到我的家鄉南平、武夷山的茶文化，沒想到南投的日月老茶廠也很有意思。幾畝茶田旁便是一座茶館。人們不光可以親眼看見茶田種植的樣貌，還可以身臨其境地觀察製茶的流程，並且巧妙地搭建了售賣茶製品、附加品的商店，風景也是美到不行。

這裡有「奇妙」川中島，有賽德克族民為我們詳盡且中肯地介紹了霧社事件的前因後果，告訴我們「不原諒‧也不恨」的處事道理，參覽的人們還可以體驗捕獵的趣味、吃到熱情好客的原住民準備的豐盛午餐，如果有機會的話，希望還能再到那兒，走走鄉間農田，唱幾首民歌。

二十五攝氏度‧淡水河畔

我太喜歡淡水老街了，每一個晴朗的週末傍晚，都想一個人背著相機過來，就沿著淡水河岸漫無目的地走，一邊拍照一邊放空並整理堆積的亂七八糟的思緒，直到清空自己之後再回去。

淡水總是有那麼神奇的療效，一是夕陽西下時的落日餘暉，一是入夜後用文化勾芡而成的金色水岸，如果可以打包帶走的話，一定是它們兩個。

　　我常常會在一早起床後便在心裡盤算著：「下午五點去淡水老街走走吧。」因為天氣剛剛好，因為溫度剛剛好。傍晚五點從學園出發，步行十五分鐘便輕輕鬆鬆可以到達老街了，路途中會經過兩條短短的斑馬線，一定不能忘了捕捉紅綠燈的蹤跡，不然怕是看不到十五分鐘後的夕陽了。常來的人很快就會知曉有一條陡峭的小巷，穿過這條巷子便能直接和夕陽相望，紅黃藍漸變的天相接著熙熙攘攘的岸邊人群，穿堂河風，悠悠地飄來吉他和鳴，是我所有關於淡水落日的「記憶裡的味道」。

　　如果只有一個人的話，可以安安靜靜地圍在街頭藝人面前，乖巧地聽完幾首歌；如果有兩個人的話，可以選擇一處沒有什麼遊客的欄杆邊，互相拍上幾張和落日餘暉的合照。超過兩個人的話，我自認為沒有什麼趣味了，因為淡水河岸是需要細細體會的地方，不管是街頭藝人精心選擇與天氣、氣溫相適宜的表演，或是來自各個國家的遊客在金色水岸的遊玩嬉戲，還是河岸邊精心裝潢的咖啡廳、餐飲店，還是不顧遊人熙熙攘攘走過的小鳥，竄來竄去的可愛喵咪，聽不膩的水拍河岸聲音、一不小心被浪潮沖

台灣藝術家 Candy bird 在台北寶藏巖國際藝術村的作品

攝影：鄭子宸

10

濕的褲腳、照亮窄窄河畔步道的暖黃色路燈、一不小心驚擾到自己的騎行客、遊輪的啟程鳴笛聲，都將是說不盡、又將夜夜闖進你夢境的禮物。

二十攝氏度・陰晴不定

有人說，淡水和雨天最配，沒有雨的淡水，缺少了一種韻味。可以肯定的是，大雨與行人不搭，淡水和小雨很配。

如果有人問我，二十度的淡水，你最想看到什麼，我一定會回答：「晴天」。原因是我需要曬衣服，順便曬曬自己快要發霉的心。

如果有人問我，二十度的雨天，你最想做到什麼，我一定會回答：「造一把傘，一把風永遠也吹不壞的傘」。原因是淡水的風好大，大到人們戲稱淡水為「雨傘墳場」，卻也好生靈動。

如果有人問我，二十度的雨天，你的夢是什麼，或許是隨便闖進一間便利店，坐在窗邊，一邊吃便當一邊看著窗外與狂風大雨對峙的行人，或許是丟掉雨傘，就在雨裡痛快地淋一次，毫無顧忌地奔跑一次吧，或許是舉著傘默默地期待著：「風，你有本事就把我吹回大陸吧」。

如果此刻正是細雨綿綿，壓倒了機車飛馳而過留下的灰塵，沖刷一個城市夜以繼日的疲憊，往行人的臉上留下幾滴存在的痕跡，給台灣留下一首叫做〈淅淅瀝瀝〉的音樂，卻也很美。

11

「我的」合唱團

陳君沂

入學的第一天，我和舍友在淡江大學的校園裡閒逛著。海報街兩側搭滿了帳篷，社員手拿宣傳單，四下熱鬧。我們手裡拿著十幾張社團招新宣傳，走走停停。

「淡江合唱團招新啦！只要你想唱歌都可以來！」

那是我第一次見到它，第一眼便堅定了我內心的想法。「就是它了！」

一

這是我加入淡江合唱團後，第一次和團上的小夥伴一起出來遊玩。二隊隊輔藍萱拿著紙板，掛著姓名牌，走在隊伍的最前面。漫步在淡水老街美食廣場，一起吃雞蛋糕、烤鳥蛋、炸魷魚、魚丸。在細雨裡，和另一個不是很熟的女孩子同撐一把傘，從我的家鄉聊到她的家鄉，一路上說說笑笑，和大家慢慢變熟悉，慢慢開始有了更多接觸。

跨上船的那一刻，我超級激動。這是一艘從淡水老街開往漁人碼頭的船。漁人碼頭是個很美的地方，可以看見夕陽，但我也只是在別人的相機裡見過。船開了。耳邊的風開始叫喊著，越來越大聲。「走去船尾吧。」我這樣想著。

　　身後的浪翻滾著，像是在追趕我們，卻又永遠無法追上，很快就消失不見。但又有新的浪花跳起來，差點就蹦到船裡，蹦到我的腳邊。「滴答滴答」。天空下起了小雨，於是風就牽著雨珠，在空中跳著探戈。吹著風，戲著浪，看著淡水老街漸漸縮小，變成一個小點，直到與河岸線融在一起。出門在外，我不怎麼喜歡陰天。但此時它卻給了我別樣的感覺。天陰沉沉的，此時的我卻有種被治癒的感覺，彷彿可以忘記煩惱，就這樣隱於風中。其實這樣的天氣也不錯呢！

　　船靠岸了。藍萱和國讚 帶著二小隊去和其他幹部碰面。這是他們設計的一關關遊戲。他們很放得開，表演就格外有意思。拍了很多活動照，和尚未熟悉的團員有了更多的互動。陽光慢慢地從烏雲中探出頭，雨停了。「快看！有彩虹欸！」不知道是誰喊了一句。大家齊刷刷的看向情人橋。彩虹橫在情人橋的上空，像是連接身處兩岸的戀人的第二座橋。透明、短暫，但格外美麗，一對夫妻手牽著手，漫步在碼頭的棧道。大概五十幾歲了。多麼美好的感情，歲月靜好的樣子。

「淡江合唱團獻唱咯！」合唱團在情人橋前集合排好了隊伍。Bass、Sop、Alto、Tenor。像平時練唱一樣排好隊。風很大，把手裡的譜吹得「噗噗」響，也把我們的歌聲吹向更遠的地方。

於是，圍觀的人越來越多。他們拿起了手機，想要把這群在風中唱歌的孩子記錄下來。

「就在某一天／你忽然出現／你清澈又神秘／在貝加爾湖畔」。

二

「11月2日我們有萬聖節夜唱！大家要記得變裝噢！我們十一點在淡水捷運站集合。」郁涵在練唱結束後對大家宣布！歡呼聲、交談聲此起彼伏。看得出來，團上的所有人都很激動。舊生回憶著去年某某人穿什麼樣的衣服，在臉上塗了什麼奇怪的花紋，新生的眼裡則滿滿盡是期待。坐在鄰座的芷家告訴我，這是合唱團每年萬聖節都會有的傳統，每個人都會有自己的裝扮。

從午夜十二點唱到早上七點。畢竟沒有夜唱過怎麼能叫大學呢！

在捷運站我看到了其他人。小丑、無臉男、吸血鬼、餓死鬼、附體鬼娃娃、臉上插著半張撲克牌的公爵，甚至還有滿臉長滿眼睛的不明生物（實在不知道如何稱呼）。看起來都是經過精心裝扮的，就連我都被他們嚇到好幾次。所有人浩

浩蕩蕩地走在一起，像極了從恐怖電影中走出來的主人公們，路人們都要忍不住回頭多看幾眼。在往雙連的捷運上，我和很多人拍了合影，做著各式各樣的搞怪表情。我想，這會是我一段難忘的回憶，以至於回到大陸後還會將相冊翻找出來，反覆回憶那天晚上的場景。

四十幾個人被分成了四間包廂。一開始大家似乎都不太放得開，話筒傳遞的頻率有些低。不知道是誰點了五月天的〈派對動物〉和〈離開地球表面〉。魔咒一般，所有人的屁股都離開了沙發。有話筒的、沒話筒的、唱得到音高的、原唱太低只能高八度唱的、甚至根本抓不到調的，一時間都跳了起來，彷彿進了蹦迪舞池，一樣開始搖頭晃腦。跳累了，喘不上氣了，就在間奏的時候坐下來休息片刻，然後又站起來接著嗨。話筒在不同人的手中傳遞，包廂的門被打開、關上、又打開。不同的人走進來，又有不同的人走出去，短短的走廊將四群人連接在一起。

　　虹雯唱了兩遍〈珊瑚海〉和〈不該〉，她的高音很有穿透力，堅定又穩定。定洲、文森學長坐著就能輕輕鬆鬆唱到 highC 以上的音。國讚明明是個低音 Bass，卻能唱出女生一般的高音，難怪坤輝老師總誇他是百年難得的聲樂奇才。在那六個多小時裡，我被周圍的神仙嗓音一層層地包裹。果然嗓音好的人都是魔鬼！

　　我記得，那天唱的最後一首是〈情歌王〉。則緯、立洋、韋豪、于洲、永全，還有我。話筒又開始傳遞，只不過這次是一人唱一句的合作。

　　七點半，大家都醒了。走出 KTV 大門那一刻，像是掉進了大森林。清晨的風吹在臉上，涼涼的。天邊隱約灑下些許暖光，那是需要仔細找才能發現的蹤跡。人生的第一次夜唱，獻給了淡江合唱團。

三

　　半期考週過去了，離回大陸還有接近兩個月。忙碌又寒冷的十二月，我報名參加了合唱團驚聲獎的比賽。芷家和則緯的非阿卡小組唱的是三首英文歌，記得那晚第一次參與排練時，就學完了一首全新的〈Better Place〉。和大團練唱時的氛圍一樣輕鬆，大家聚在一起說說笑笑。會為了唱對幾個 bar 的節奏而反覆練習，也會在休息時間圍坐成圈聊八卦。

　　後來兔子找到我，問我有沒有興趣加入她的六人阿卡貝拉戰隊。我想到之後可能會因排練而每晚都要被淡水的風吹到懷疑人

生，但還是馬上答應了。第二天我拿到了曲譜，是火星哥的〈Just the way you are〉，我很喜歡的一首歌，而我被分配到了主旋律 solo 的部分。身負重任，但是我卻格外興奮。

　　我是一個喜歡唱歌的人。不管唱得怎麼樣，也不管別人怎麼評價我的歌聲，我就是很喜歡唱歌。我會抓住一切能上台鍛鍊自己和展示的機會，不管是在福師大，還是在淡大。於是我每週都要花很多時間在合唱團的大小練唱上，幾乎每天晚上都要往團櫃跑。鷺聲獎的日子一天天在逼近，排練的次數也越來越多。淡水的鬼天氣每天都讓我在崩潰的邊緣徘徊。有人問我，花這麼多時間在合唱團上，不累嗎？累啊，光是夜晚的風就能把我折磨瘋，但是唱歌時的快樂是獨一份的。它能讓我忘記很多不愉快的事。那一刻，我特別快樂。

　　以後一定會再見面的！

　　我愛你們！

我和台灣有個約定

陳曉芳

Part1 我與台灣的「淵源」

當我收到福師大閩台專業的錄取通知書時，我十分激動，雖然在所學專業並不是我的第一志願，但我依舊很開心，因為可以來台灣交流一年的時間。生於福建漳州的我，從小就對台灣有著特殊的嚮往，在我的意識裡，台灣這個島嶼十分的吸引我，這個其中淵源還要從小時候說起。

第一次知道灣灣，應該是小時候看的美食節目，裡面主持人介紹著各種夜市裡獨特的區域美食，鏡頭裡顏色鮮艷的美食特寫饞得我直嚥口水。那時候開始，我對台灣有著迷之憧憬，特別希望能有機會品嚐到正宗的夜市美食，這便是我嚮往台灣的原因之一。

再後來，大約在〇〇年代的時候，港台明星十分盛行，台灣偶像劇也湧進了大陸，偶像層出不窮，因為表姐推薦的一部校園懸疑偶像劇「霹靂 MIT」，我也緊跟著潮流陷入了追「飛輪海」的行列，確切來說追的是「炎亞綸」，而這件事也一直持續到了今天，他已然變成我的信仰。在來到台灣之前，我一直想到台北——這個有他的城市看看，我想這也是所有追星女孩的夢想，到偶像的城市「朝聖」打卡。

　　也是在同一個時期，我的阿嬤搬到了我家，每天晚上都要和我拿遙控器換台看「楊麗花歌仔戲」，裡面講的閩南語也是我們當地的方言，而我一開始很不想看，覺得戲曲應該就是給老人看的東西，但是電視只有一台，被禁用手機的我沒有其他的事好做，也不敢和阿嬤搶，只好按下不耐煩的心，坐下來和阿嬤一起看歌仔戲。後來的我，就被自己打臉了。我深深地沉迷電視歌仔戲，從不想看到每天蹲點和阿嬤一起看，到每一部的主題曲還學得有模有樣的，對此我媽很不理解地表示：「你中猴了嗎？」

　　除此之外，第二次我被媽媽靈魂發問的時候，是去年我開始沉迷台灣「霹靂布袋戲」的時候……我被裡面精彩的劇情和武戲打動，還有越來越精美的大偶，與我家鄉的小偶野台布袋戲不一樣，八音才子黃文擇先生的配音也讓我折服。

　　就這樣，我對台灣的憧憬又加深了一層。帶著對愛豆和大偶的嚮往，在 2019 年的九月份，我終於踏上了台灣之旅。

從福州出發啦

Part2 台灣「初體驗」

來到台灣的第一步，當然是要品嚐各種當地美食啦！對於一枚來自大陸的吃貨來說，這裡許許多多的美食，都是不曾吃過的。第一週，我就把宿舍樓附近的小吃店、便當店吃了個遍，有各式各樣美味的便當、滷味、蚵仔煎、碗粿、炸雞、奶茶……總體感覺就是：好，滿足。

這裡就不得不提這邊的日常，滷肉飯、雞排與奶茶。

眾所周知，這三樣是台灣的著名特產，雖然大陸也有賣，但肯定遠不及台灣本地正宗。事實證明確實是這樣的，我吃過之後覺得在味道上比大陸的更好吃一點，性價比也比較高，我終於能理解為什麼在台灣男女老少都喜歡吃雞排喝奶茶了。

淡水街頭藝人

說完美食說美景，早就聽說過淡水的夕陽十分美，挑了天氣好的一天，和舍友約好放學一起去淡水河邊看夕陽。我雖然見過海，但是海邊的夕陽還是頭一回見。夕陽把天空都染成了橘黃色，和原本的藍色混合，形成了帶點紫色和粉色的漸變色，太陽就在淡水河連接台灣海峽的海平線上，像一顆鹹蛋黃一樣，照得水面閃著金色的光。河邊的人行道有行為藝術家在表演，旁邊還有街

頭藝人在演唱，剛好唱的就是「志明與春嬌」，優美的旋律環繞在四周，配合著灑滿金色的海浪，層層律動，像是在一起改編新的樂章。走在這樣的河邊，實在是沁人心脾，上課一天緊繃的神經就跟著放鬆下來，形容得再多也不及親眼看一眼，即使是高配置的長筒大炮，也沒辦法將淡水的夕陽完美呈現，因為只有親身感受，才能體會到合適的氛圍。

淡水老街也是淡水必打卡的景點之一，就在淡水河邊旁的那條街。在欣賞完夕陽後，我們就到了熱鬧的老街之旅，這裡有各種各樣的店鋪，吃喝玩樂都不耽誤，還能淘到古早玩意兒，這是讓我比較驚喜的，我比較懷舊，所以看到那種富有年代感的店是一定要走進去瞅瞅的。這裡推薦兩個老街必吃美食，「鮮奶麻糬」和「老虎堂」家的奶茶，如果像我一樣喜歡吃甜的話，強烈推薦！麻糬也是台灣這裡比較特色的點心，鮮奶麻糬更是愛甜品之人的福音，老街有好幾家賣鮮奶麻糬的店，都挺不錯。至於老虎堂的奶茶，是屬於偏甜的，對我來說甜的剛剛好，有去老街的話可以品嚐一下。

Part3 追「偶」像之旅

一開始介紹與台灣的淵源時，我就提到去年我入了霹靂布袋戲這個大坑，至今還在坑底未能爬出來。這邊做個小科普，霹靂布袋戲是台灣霹靂國際多媒體發行的系列木偶戲，從第一部到現在還在更新的第七十四部，已有三十幾年之久，每一部都有獨立的劇情，講述的是在霹靂世界各個大陸發生的江湖事。精彩的劇

情、打鬥場面配以八音才子黃文擇的閩南語口白,越來越精美的大偶使得近年在大陸發展出了大批粉絲。於是乎,來到霹靂的老家,我也算是踏上了追「偶」像之旅啦。

來到台灣的第二個禮拜,我就迫不及待去了霹靂台北周邊直營店,來了一場毫不克制的 shopping,在直營店還欣賞了擺在展櫃裡的大偶。我最喜歡的角色有兩個,素還真和天跡。如果說天跡是比較後面的角色,有的人可能不知道,但是素還真在台灣一定是人人都聽說。在大陸其實看布袋戲還算是小部分人,我身邊的人還是受我的影響才瞭解到這個冷門文化,而在台灣我發現很多人都在看或者看過布袋戲,畢竟這是他們本地發展起來的傳統文化,雖然早期是從大陸傳過來,但是台灣發展起來的一個優秀的戲劇。

在參加活動時拍下的素還真本尊,參數沒調好有點過暗,實際上是很好看的白髮、

　　最近一次看到「偶」圖素還真，是在十二月初的一次線下活動裡，這是我第一次見到本尊，是值得紀念的一次活動，我也第一次和這麼多當地人追「偶」像，和大陸線下活動一個最明顯的區別就是，大陸活動基本上都是年輕人，而台灣這邊有長輩一類的人也在台下激動的尖叫！天跡是我見的第一個本尊大偶，是之前在上海一次見面會活動，現場來了許多粉絲，經過兩場活動對比，這個發現也挺有趣，年齡不是問題，喜愛的心是一樣的。過兩天還要去參加片場遊的活動，超級期待看到拍攝片場和正在拍戲的演員木頭人們，希望旅途愉快，以及希望我的這個小愛好未來可以發展得更好。

Part4 緣分這種東西

　　說來也巧，剛好閩南語是我的語言，剛好我追的是台星，剛好我的興趣愛好是來自台灣，又剛好，我報的專業是閩台合作班，於是我就來到台灣啦。緣分這種東西，十分奇妙，如果沒有來上學這個機會，我是沒辦法在台灣待這麼久，做這麼多事情的，學業結束以後有機會的話或許還會再來。但是未來的事情一切都是未知的，就像薛定諤的貓一樣，你無法知道你會不會再來這座城市，這座島嶼，所以我十分珍惜在台灣的日子。好好生活，過好每一天，不給自己留遺憾，盡量做自己想做的事，這樣才不會後悔。台灣你好！剩下的時間繼續好好相處吧！

葉遊台灣

葉澤平

來到台灣已經幾個月了，就來簡單回憶一下這段日子吧。

初到台灣，心中充滿著嚮往，幻想著豐富多彩的校園生活，以及與之前完全不同的大學體驗。兩岸的學習經歷並不是所有人都能夠擁有的，因此我十分珍惜這次的學習經歷。課堂上我如饑似渴，渴望著新知識，台灣的課程讓我眼前一亮，它不同於大陸的教學方法由單一專業老師來教學，而是由不同科系的老師來給我們上課，這讓我們可以接受各個方面的專業知識。因為我們是文化產業管理專業，在學科的性質上我們的專業需要涉獵很多方面，所以使用這種教學方法可以讓我們專業學習得到很好的效果。

難得來到台灣除了學習肯定少不了出遊，遊玩第一站選定在第一個假期，去了遠近聞名的九份和十分。

出發前的夜晚，我們敲定好路線，白天從九份到十分，晚上去基隆廟口夜市。這段旅程在我們的規劃中躍然於紙上，不知世間萬物最忌諱規定的太滿，事事如願也許只存在於故事中，且讓我追根溯源，細細回憶。

因為雙十的旅途遙遠，我們難得約好上午七點出門，要知道這在醉生夢死的大學生活作息中是十分罕見的。也正因為時間點

的特殊性，使我看到了不一樣的淡水，不一樣的捷運以及那窗外秀麗的風景。清晨的淡水河，波光粼粼，久居城市的我時常低頭走路，從未有如此空閒的時間駐足觀賞，那碧波蕩漾好似情人的眼眸，使人難以移開目光，只想沉溺與這醉人的美景之中。

不同於明亮嶄新的捷運，台鐵也許是因為年代久遠，讓人夢回小時候與家人一起旅行的車站，不過曾經叫賣飲料的小販被自助販賣機所替代。

兜兜轉轉，來到了旅程的第一站—九份老街，與我常去的老街不同，此街依山而建，錯綜複雜，也算一個特色老街。摩肩接踵的人群使得這本就商家林立的狹窄老街更加擁擠，對於商家來說，看到這麼多的遊客是再好不過的事情，不過對我言就顯得太

日月老茶廠
攝影：吳秋霞

平溪放天燈

過嘈雜，使我想要漫步老街的願望落空，但其濃厚的老街氛圍馬上填補了我的遺憾。沿著老街向上走，走到高處回首望去，有許許多多的燈籠，我心想如果是晚上來，那將是另一番美景。

扭來扭去，我掙扎從火車下來，十分車站幾個大字使我因擁擠而混沌的腦袋清楚到達目的地了。放天燈！來到全台唯一一段可以放燈的鐵軌上，第一件事肯定就是放飛自己的理想。密密麻麻，斑禿的毛筆寫下了對未來的期許，尋尋覓覓，在鏽跡斑斑的鐵軌上放飛了希望。願心想事成，轉念一想人人都實現了自己的願望是不可能的事情，因為人與人之間的願望是會衝突的，那就比比誰的燈能夠萬古長亮吧。

常言道，天將降大任於斯人也，必先苦其心志，勞其筋骨，餓其體膚，空乏其身。從十分車站離開的我們出發前往基隆廟口夜市，反向坐車一小時到了八堵，為此只好調整目的地去了饒河夜市。雖然坐錯了車，但是八堵的美景也算能夠彌補些許遺憾。

時間來到十一月，歷史學系舉辦了一年一度的古蹟遊，這次去了南投。說來慚愧，位於中部的南投是我至今為止到過最遠的地方，作為一個淡水宅男，最遠只到過台北。要沒有這次出遊，估計上學期很難踏出新北一步，更別提遊遍台灣的宏偉目標，想

到這不得不抒發一下感想，無數次實踐證明了「計畫永遠趕不上變化」，我避開了繁重的實習課程只為每週空出三天假期，但是真正擁有了三天假期卻無人為伴，講究獨立自主，但身在異鄉難免有些害怕一個人遭遇不測，因此去不了太遠的地方。不過人生在世本就孤獨，與人交流是正常的社交但萬萬不可將之提升到極高的地位，如果因為別人而感覺自身受限實在是不可取，現在的我還不夠獨立，有時候自身的行動會取決於別人的意念，希望能夠早日改進。

千里之行始於足下，為了鍛鍊自己，我嚴格控制自己依靠外界力量，一切由自己來承擔而不是向外界尋求幫助，雖然有時會覺得孤立無援，但我深知這是必然的過程，只有經歷了風雨再去克服，這樣才會在以後面對同樣的困難時能夠擁有一顆沉著不變的心。這次來到台灣是一個很好的機會，遠離父母，遠離曾經熟悉的同學，來到一個新環境。在福師大時父母時常來看我，雖然知道是愛兒心切或者單純只因為無聊，但是這讓我在潛意識裡覺得有後盾，這讓我無法真真切切的獨自去面對事情，長此以往無法得到真正的鍛鍊，在以後步入社會時將會比一些人少去一些經歷。不過仔細想想這身在象牙塔裡的鍛鍊很像過家家，我也還真是無聊。

校外教學—設置陷阱抓獵物
攝影：吳秋霞

27

　　坐車由淡水前往南投，透過車窗上的水珠可以看到天氣的變化，陰雨綿綿到豔陽高照就在一小時的車程中發生了改變。不得不吐槽一下淡水的天氣，在淡水大雨大風天是常態，來台灣之前問起台灣的天氣，無不稱讚，讓我不用帶太多厚衣物，因為台灣不會冷。但是現在想起來我估計是他們忘記台灣還存在著淡水這麼一個地方。心飄零，現在的我在寒風中瑟瑟發抖，握著唯一的熱源—黑糖珍珠鮮奶，迷茫的看著遠方，不知能否度過這個冬天，隨著最後一粒黑珍珠下肚，無盡的寒冷包圍了我，在昏黃的路燈下我回想起那天的溫暖—南投之行。

　　陽光普照下，我們去了日月潭、清境等旅遊勝地，這三天除去晚上住宿時，其餘時間都非常的開心，我怎麼也想不到，到了大學並且已經成年的我竟然身邊睡著的不是異性而是一個七尺大漢，四個人睡兩張床？兩個夜晚我都輾轉反側，不是因為旁邊的呼嚕聲，而是單純的喜歡數羊。不提這些，這三天的遊玩十分

淡水的夕陽

有趣，秉持著家裡的優良傳統—出門在外不要怕花錢，我花錢有些大手大腳，看著買的一些無用的東西，我一笑而過，沒事開心嘛，吃幾天土就回來了。人啊總是對自己太善良，我有時會笑其他人花了冤枉錢，但是看著自己買的一大堆無用物還會美化其動機—一切為了紀念。物品作為實體很容易寄託感情，在幾十年後我再看到這些，我不會去埋怨我花了錢，而是會欣然一笑記憶起那年的我染著綠頭髮興沖沖的在台灣道路上走著，會記憶起大學時和同學們一起出遊，會記憶起那段青澀的歲月……我們不能在這世界留下什麼，唯有在他人記憶裡留下片刻便覺得活過。

在台灣的學習生活將會成為我人生中的一大記憶，特別的時間，特別的地方，特別的人，一切都是那麼的特別鑄就了其獨一無二，《繁星閃爍時》是一段獨特的自我紀錄，在這篇特殊的日記裡我記錄了這段特殊的旅程，也必將銘記這段歲月。

遇見彼岸

陳昶盛

餘生紀念館前大合影（攝影：吳秋霞）

　　2019 年 9 月 5 日，我們乘坐飛機降落在台灣的機場，剛下飛機，台灣帶給我的感覺是迷茫。沒有手機號碼也就意味著沒有訊號，和外界斷絕了一切聯繫，第一次離家到較遠的地方讀書也讓我感到一絲緊張，也對之後更加獨立的生活充滿了嚮往。我們隨坐著巴士回到學校，整理完行李躺下已經半夜兩點鐘，大家在對台灣的期待和想像中進入了夢鄉。

　　台灣的街市和大陸有所不同，剛踏上台灣的街道，紅黃相襯的燈光讓整個街區顯得十分熱鬧，摩托車的引擎聲也是許久沒聽到，與大陸的高樓大廈不同，我們所住的淡江學園邊上平房居

多，走出淡江學院迎面撲來的是一股煙火氣，像極了九〇年代港片中的街頭，在燈紅酒綠的街頭，人們忙碌，人們歡笑，顯得十分熱鬧。

過了不久就正式開始上課了，在台灣的課堂上，感覺老師更加親近學生，不僅會分享教學寶貴的學理，還會傳授豐富的人生經驗，我總是會醉心於聽老師的各種各樣的故事，並且通過故事去牢記學理，老師們的上課形式隨著課程的不同也不盡相同。和大陸專注考試的學習模式不同，台灣更多的是小組討論和團隊合作的形式，這補足了我對團隊合作能力的薄弱，也讓我認識到了團隊合作的重要性。

到了台灣，除了學習，還要瞭解當地的風俗民情，台北地下街和中山地下街給了我一種新奇的感覺，在福建是很少有地下街的。在那裡，我看到了台灣地下街的繁榮，那裡有日本盛行的手辦、台灣當地的特產，也有來自世界各地的品牌，還有娃娃機等娛樂設施，我看到了台灣商品的多種多樣，同時也在地下街看到了日本宅文化和台灣在地文化等相互融合包容以後的產物，這給了我一種購物的新體驗。

除了台北地下街，士林夜市的景象也讓我難以忘懷，我躋身在人流之中，人潮湧動，叫賣聲、攬客聲此起彼伏。作為全台灣幾乎最大的打卡地標，它的魅力是巨大的。「如果你看到很多人在排隊，最好的選擇就是跟他們一起排就好了。」生炒花枝、青蛙下蛋、藥燉排骨、士林大香腸等美食，都給我留下了深刻的

印象，真是「便宜又大碗」。這裡以美食主打，但也是購物的好地方，在這裡只要做足功課，就可以買到物美價廉的商品，有時舉辦的活動讓人購物之餘感受到足夠的快樂，於是士林夜市吸引了大批的人潮，雖說台灣的夜市大同小異，但總體上還是會在乏味的夜晚給人一些寬慰。於是在士林夜市裡，無論是購物還是美食，都讓人駐足不前，流連忘返。

士林夜市的不遠處是台北故宮，和士林夜市的世俗氣息不同的是，國立故宮博物院藏有非常多的中華藝術寶藏，收藏品主要承襲自宋、元、明、清四朝，幾乎涵蓋了整部五千年的中國歷史，我原以為故宮博物院僅有三層，藏品應該不多，但在一樓觀賞時，多個種類的展覽館已經令我目眩，裡面的展品規模宏大，也令我嘆為觀止。

我見到了國之重器毛公鼎，這是由作器人毛公來命名的，裡面的銘文是西周的文字，密密麻麻令人心醉；而翠玉白菜則是清朝玉雕師的作品，運用玉石自然天成的色澤分佈雕琢成一塊渾然一體的「白菜」。除此之外，「天下三大行書」中除了尚未出世的蘭亭集序，其餘也都在台北故宮內，其中《寒食帖》中蒼涼惆悵的筆法讓動盪起伏的情緒躍然紙上，那樣的筆鋒動勢，更能讓我身臨其境，體會當時蘇軾的悲涼情緒。古代藝術家藝術的瑰寶令我嘆為觀止，當我走下故宮博物院樓梯的時候，發現故宮內的「寶物」竟也可以做文創。

　　文創並不是在天上飛的東西，它就靜靜的陳列在台北故宮購買伴手禮的地方。在那裡，翠玉白菜不僅變成了可以買回家的「白菜」，還做成了像鑰匙扣，簪子等各種各樣的物品，寒食帖可以用來做餐布，國之重器可以用來製冰棒，這讓我大開眼界。在進行課堂教學的時候，老師曾通過各種方式讓我們體驗文創，不論是通過製作書籍、剪紙還是果雕，他們都取材於生活又回歸於生活，而台北故宮的文創商品，卻將一件高大上的藝術品，通過適當的改良和處理，使之更加貼近生活。在課堂之外，我又一次感受到了文創應當回歸生活的主旨，台灣的文化是多元的，台灣不缺乏文化的內容，故宮博物院更不缺乏文創商品的原型。因此現代的台灣設計師們，在鬼斧神工的藝術品上再一次附加價值，使其在現代再一次以另一種形式煥發不一樣的光彩

　　南投校外古蹟遊，又像是台灣文創的尋根之旅，我們做了4個小時的巴士來到了南投。牛耳石雕公園的石雕讓人耳目一新，走過長路和茶園，來到了日月潭老茶廠，雖然自己嘗試泡上一壺台灣山茶，但是沒能看到製作茶葉的過程，這使我感到遺憾。後來我們到了伊達邵族部落，在伴隨著邵族悠揚

邵族的吉祥物——貓頭鷹

攝影：吳秋霞

33

的歌聲和老師繪聲繪色的講解，我彷彿已經沉浸在日月潭邊古樸的民俗風情中。日月潭旁邊的文創，抓住邵族的吉祥物—貓頭鷹這個文創點進行創新，用紙做成的貓頭鷹是最暢銷的紀念品，除此之外貓頭鷹不倒翁，貓頭鷹冰箱貼等應有盡有。除了文創，還有邵族常喝的小米酒，以及他們的裝飾品都在一條街介紹得清清楚楚，文創的來源就是這些文化傳統，而文化傳統是正隨著歷史源流遺留下來的產物，我們需要將它好好保留，而文創的目的之一便是再次將它發揚光大。

經過第一天的行程，第二天的廣興紙寮或多或少彌補了我在日月潭老茶廠沒看到製茶過程的缺憾。導遊詳細介紹了紙的分類以及造紙的歷程，經過一道道工序，我看到了畫國畫的手工紙是如何一步步成型的，紙可以吃，也可以玩。在周邊的商舖裡，儼然將紙分成了各種口味讓顧客品嚐，把一件不能吃的東西也做成了美食。另外，導遊還教我們用印刷術的原理將各種圖案裝飾印在紙上，這下又可以動手做文創了。同樣是一張紙，可以通過剪紙的方式「妙手生花」，也可以通過沾水，拍打和印刷「點紙成畫」，我頓時充滿了成就感。

第三天離開之前，我們在賽德克族的部落享用了他們所招待的自助餐，在原住民的舞蹈和電影，在多種多樣的菜式中，我看到了士林夜市的影子。我不禁想到為什麼當初在士林夜市會有如此多的美食和小吃，這不僅僅是大陸帶來的美食文化，還有許多都是原住民的古台灣文明所孕育出來的。

　　也許現在所有文創所帶來的奇蹟，都可以發祥於過去，多種文明，不同文化相互碰撞最後才會迸發出激烈的花火，從而孕育出最美麗的文創之花。士林夜市吸引人的地方是它的特色和煙火，而南投縣，這些原住民部落所吸引人的地方不僅是美麗的風景，更多的是去找尋台灣的過去，反思自己的現在，立足於更好的未來。

賽德克族歷史解說

攝影：吳秋霞

淡水之行

管閣浩

　　平時很少做夢的我，昨日不知道為什麼做了一個漫長的夢。從睡夢中醒來，思維還在夢中的我想抱起在家中陪伴我睡覺的玩偶，卻發覺現在我睡的地方已經不是家了，而是和福建隔著台灣海峽的淡水小鎮公寓之中。回過神來，猛地想起，我上次做夢還在幾個月前，那是我要來台灣的前一天，睡前特別的擔心，導致我那個晚上夢著我被人追逐。

　　從小就沒有離開家這麼遠，從小學的走幾步路就能到，高中則需要坐公交，再到大學需要提前坐動車，如今我需要坐著飛機，遠隔海，來到一個陌生的地方。那時總想著，我會不會不適應那裡的飲食及氣候，與那裡的學生思想交流會不會有很大的區

隔……臨行前總是想的這麼多。然而真正來到這裡，住上一段時間後，我感受到了與大陸不一樣的文化氛圍及風土人情，看到了不一樣的世界，也漸漸愛上了這裡。

這天淡水正在下雨，雖是九月盛夏，但是雨和風的疊加，仍會有一絲涼意，雖然身處一個陌生的環境，但我卻被這裡的熱情所感染，一股暖意湧上心頭。在機場，帶隊的兩位老師與淡江大學的學生們早已等候多時。帶我們上了專門接送的大巴，到達了宿舍，老師給我們準備了被褥，這估計是我來台灣所感受到的第一次溫暖。

從小到大的學習生涯住過不少宿舍，大陸的宿舍總是給我感覺到很大的束縛，門禁的時間，對於宿舍的要求總是特別的多，常常讓我感覺十分厭煩。然而台灣的宿舍，有自由活動的 R 樓，宿舍有各種各樣的活動，棋牌，聖誕節這樣的活動讓整棟樓的氣氛更加熱絡，也有宿舍的集體大會和意見提議。除此之外，看門的保安大叔管理快件，噓寒問暖，校車接送……這些看似微小的細節都讓我感動，感受宿舍給我帶來不一樣的美好。

在淡江大學的學習確實很充實，我們第二天就參觀和遊覽了學校一周，學校的圖書館高高聳立，甚至擁有歐盟研究所的書籍和資料。第一次到達宮燈教室，我都懷疑這是不是教室了，我遠遠看以為是一個個廟堂。老師們相比於大陸的老師也的確有所不同，比大陸老師更加平易近人，經常會有交流和互動，他們有更多從事與其他文創領域方面的研究，對這一行有更加獨特的見

解，氛圍也很輕鬆，不會很嚴肅地叫人回答問題，更多地培養我們的自主能力，團隊協作，而不是單純的死板考試。每一次不同的分組，與同學的交流都讓我在活動中不斷成長。剛開學的社團大會，我特意找了空去觀摩，看看有沒有自己喜歡的社團，可能是因為淡江大學有各個外國校生的原因，社團更加百花齊放，非常有意思的社團層出不窮，我也參加了社團，通過社團交流和玩耍，在課後更充實了自己的台灣生活。

還沒來台灣研習前，我就瞭解過台灣各個名勝古蹟和旅遊景點。每週都在期待著週末的到來，在每週上完課之後，就開始背上背包，行走於台灣各個地方，忘不了第一次在捷運站坐捷運去台北，在台北車站的捷運站，因這裡的龐大而驚訝。在地下街和自己志同道合的好兄弟斟酌許久挑選手辦，在十分看到了十分瀑布，剛巧瀑布下的溪流上一道彩虹緩緩出現，映射出美妙的光景。在十分老街和舍友拿著筆寫滿祝福的天燈（亦稱孔明燈），在鐵路旁放飛了希望。

在九份看到熱鬧的街市和彤紅的燈籠；終於見到久聞的台北故宮，看到頗具盛名的翠玉白菜以及歷代文物；在市立動物園看到期盼已久的企鵝和熊貓，從動物園搭乘可眺望景色的貓空纜車。

除了自己的遊玩，學校組織的校外教學歷歷在目，第一次就是在我們宿舍不遠的淡水老街，讓我瞭解原來淡水不一樣的歷史遺蹟。原先我來這裡也就是看看海景，在老街買東西吃喝和玩

要，然而這次讓我真正瞭解了它的歷史含義。最早建城是在1628年統治台灣北部的西班牙人所興建的「聖多明哥城」，歷經西治、荷治、鄭氏、清治、日治，戰後多個時期。看似普通的官邸卻有著幾百年的歷史和故事。

第二次的南投之旅，歷經幾個小時的車程終於到達，日月潭與藍天交相輝映，湖景伴隨著高山族在這裡唱著自己的民謠。在久居鬧市之後享受獨特的寧靜。與台生晚上一起燒烤，又是一次與台生交流的機會，雖然烤肉過程坎坷，火炭不好控制，但是透過團結互助，互相幫忙，一起聊天的確十分難忘。身為文化創意產業，觀摩了造紙，體驗了印刷，看到了紙的文創發展和思路。可歌可泣的歷史事件——霧社事件。讓我瞭解曾經高山族的歷史，這些人的精神，這些部落的發展，歷史事件已過，但以史為鑑，可以知興替，讓我看到了他們反抗壓迫，抗拒現狀做出貢獻的光輝一頁。

　　淡江的生活既有驚喜也有意外，颱風天的假期來的格外之早，還未到來我就感受到差點能把我吹移的風。淡水在淡水河的出海口，氣候蠻濕的，夏天涼爽但是一到冬天，冬雨加上東北季大風，讓原本不太冷的淡水變得寒冷，前幾天還穿著短袖，過兩天一下雨可能就要拿起外套，另外風確實特別的大，我的傘經常難逃「劫難」，一把雨傘還因此報廢，我特意又買了一把骨架多的傘。一次雨天，冒失的我在掏口袋時候還不小心把錢包弄掉，走到半路的我才得以發現，緊張的我充滿擔心，不過最終一個好心人叫了我，將錢包從店裡拿出，那種失而復得的感動油然而生，也是這樣的意外更讓我看清了這裡的美。

　　台灣的風土人情讓我體會到和大陸的不同，台灣施行垃圾分類，第一次扔垃圾看著一堆不同的垃圾桶仔細琢磨，猶豫再三才把垃圾丟入。出門時保安大叔友好的招呼，外餐店點完單和找回零錢都是雙手遞予並友好的說謝謝，不小心與行人相碰的連聲道歉，敬語和禮貌用語從不離口確實給我思考了兩岸之間的差距。慢節奏的生活氣息，街市總是熱鬧喧囂，週末不少店家不會為了業績而拼命，而是關上大門和自己的家人一起享受公休，這個城市突然就變得如此的寬大和寧靜。

　　這兩年大陸的學習生活和半個學期台灣生活，讓我從最初對這個文化創意設計的好奇，迷茫到現在的瞭解和憧憬，這段時間難忘的學習生活讓我難忘，背著行囊歸去之時，裝滿著快樂心情、美好的回憶。

田野調查中

陳經偉

　　老實說，先前我還不瞭解「田野調查」這個詞，現在才有點明白。它不像「實地考察」這類呆板的名詞，人們給它的定義是「參與當地人的生活，在一個有嚴格定義的空間和時間的範圍內，體驗人們的日常生活與思想境界，通過記錄人的生活的方方面面，來展示不同文化如何滿足人的普遍的基本需求、社會如何構成。」我把它理解為「正在且永續的探索」。

　　我的田調生活就從《淡淡》開始，它是淡江大學中文系田調研究室創辦的雜誌。我很喜歡封面雜誌名下的一行字「講述變化中的淡水與土地上的人們」，讓我聯想到綠皮火車上窗外倏忽的天空、青山和建築。取名「淡淡」。意為淡水與淡江。

　　第一天來到淡水並非愉快的體驗。記得坐機場巴士來到宿舍已經十點多，剛下過一場雨，霧氣和霓虹燈廣告牌使人恍惚，像是到了港台電影裡的九〇年代。我站在宿舍樓下的十字路口，等待紅燈轉綠，看著周遭老舊的建築，內心有些許落差，卻也鬆了一口氣。眼前的陌生環境在我腦海中變成一張尚未探索的空白地圖蓋在我臉上。

　　我是個相信命和緣的無神論者，一旦接受了這個前提，不管發生任何意料之外的事情都合理。懶惰的人不願想太多因果，只當這是上天的安排。來台灣是如此，加入田調亦如是。

　　在田調第一次開會，讓我印象深刻的是大家的報告。每個人站在台上談論的課題，在地店家、水文、人物訪談……大家都在用心地搜集資料，自信地上台報告。我看到了別樣的熱情和真誠，那是我頭一次感受到田野調查的精神。承蒙大家的信任，還是新人的我就獨自負責一篇文章。從初稿到完稿的過程中，文倩老師給了我很大的鼓勵。記得寫完初稿時，我覺得自己寫得不夠好，但是文倩老師卻說我寫得很好，還說「你很適合做田調」，雖然不知道這番話是鼓勵還是誇獎，卻讓我體會到被肯定的快樂。

　　我的課題是「淡水在地的東南亞商店」，在和他們接觸的過程中我發現他們是個充滿活力、樂觀向上的群體。儘管在異國他鄉，他們的生活態度卻如此真誠。關於這點，早在加入田調之前我就有所體會。我住的宿舍樓頂有一個公共空間，來自印尼的學

生每晚都會在那裡聚會，他們有時彈吉他合唱，有時一起學習，有時聚餐。融入他們是件輕鬆容易的事。他們來自印尼的各個地區，有人來自首都雅加達，有人來自海島峇厘。印象裡每次看到他們，都是那麼快樂融洽，有說有笑，讓人動容。

在拜訪的幾家東南亞商店中，我們選擇了捷運站邊上的一家印尼商店。主編每次跟我討論，都會跟我提到要把捷運站這個意象表現進去，他說捷運站會讓人想到有關離家以及鄉愁這些東西。淡水河邊的異鄉小店，確實能勾起文學性的遐想。來來去去的人潮，都與它無關，它在等待什麼呢，也許是為了讓失魂落魄的異鄉人在這找到家的味道，也許它存在只是為了離家。這當然是瞎扯，老闆說他的母親在他 9 歲時來到台灣工作，而他直到 24 歲才來。由於母親來台時間早並且在這裡工作，他們順利獲得台灣證件。剛來台灣那會，他在淡江大學念過中文班，他一邊說，一邊指向掛在店鋪牆上的畢業證書。他在淡水結婚生子，家族的根深深紮在台灣。生命的厚度一點一滴被充實、壯大，平凡卻無比真實。

在來到台灣之前，我對這裡的印象還停留在那些為人熟知的影響音樂作品。不管是早年的肥皂偶像劇，那些在我童年記憶中的「台味」，還是長大後才慢慢認識的侯孝賢、楊德昌、蔡明亮這些台灣優秀導演的作品；不管是小時候飄洋過海傳來的台灣流行樂，還是長大後接觸的台灣新生樂隊，這些東西在來到台灣之後都變得生動鮮活起來。距離感消失後是一步步地接觸，我買了一輛單車，騎著車到過凌晨的漁人碼頭看潮汐褪去，和行人分享

夏夜的靜謐；一路向北沿著海岸線，記錄每朵浪花的起落；到過三芝的鄉間，在樹林中遠眺城市；在麟山鼻、富貴角感受猛烈的海風；順著淡水河岸的自行車道與夕陽一同下行。

台灣的海風格外熱情，卻不襲人，適合在悠閒的午後一個人坐公車前往。畢竟，對於時間走慢半拍的淡水來說，在海邊散步才是正經事。台灣的山區是另一種風景，城鄉結合的風格是資本主義甜美的玩笑，這裡的美學是融合，是緩慢。從遠處看海是在動物園遊覽，在山間遊蕩是在獸口徘徊。最好在夕陽落下前離開，否則它會讓你當一回台灣鬼故事的主角，蜿蜒的山路和娑娑的樹葉摩擦的聲音再加上將暗的藍紫色的天空，沒人會想留在那裡。

　　住在淡水最繁榮的區域，好處是可以隨時吃到想吃的東西，搭上最便捷的交通，買到需要的物品。壞處是淡水的秋冬季是雨季，陰晴不定的天氣讓人抓狂。時常連續幾天狂風暴雨，出門都成困難。宿舍在十三樓，一邊聽著窗外呼嘯的風雨，一邊看書是不錯的選擇。

　　淡水的夕陽是一絕，黃昏來臨時，河岸邊的人群逐漸變多。有舉著打鳥鏡拍照的，有情侶散步的，有家庭出遊的。一群人共用大自然的饋贈，見證太陽經歷一整天的勞作，又跑到地球的另一面繼續勞作。我看著人們目送它一點點淹沒在長長的海岸線中，忽然明白為什麼淡水的時間比其他地方緩慢。

　　田調的學習不僅僅局限在有限的課題裡，它是生活中的每一幕值得紀念的瞬間，是看見、聽見的無數正在發生的連續的歷

史，是追尋永遠存在的他者。我在上文倩老師的課時，印象最深的兩點是「21 世紀關注日常」和「專業的文學是高度辨析的自我的白覺」。這是我擅自歸納出來的話，不見得正確，但卻是我認為符合田調精神的兩句話。

　　來到台灣已經四個月又五天，淡水河依然是初識的容顏，生活在這裡，一不小心便會陷進時間的黑洞，彷彿還是昨天，從飛機上鳥瞰台北的夜色，驚歎於這座城市的生機和魅力，期待著飛機下等待我的生活。藍色大門有一段台詞「三年、五年以後，甚至更久更久以後，我們會變成什麼樣的大人呢？是體育老師，還是我媽。雖然我閉著眼睛，也看不見自己，但是我卻可以看到你。」當我們說「如果」的時候，就會有一個未來在等待著被發生。與其說田野調查是一個學術工具，倒不如說它是可以終身奉行的浪漫天性。好不容易來一趟，不去看看可惜了。

Tamsui

陳志銘

　　淡水的天氣總是讓人不禁想起福州，有個名嘴曾調侃過「上輩子怕是揍了鬼，這輩子才會來淡水」。又冷又濕的天氣很容易讓人心煩氣躁，對有風濕的人來說甚是折磨。這和我想像中的淡水實在是判若兩途。

　　談到淡水，大家的第一反應都是「淡水老街」、「淡水阿給」、「漁人碼頭」或者是「馬偕雕像」等。然而讓我印象深刻的卻是坐落在淡江校園的牧羊草坪—李雙澤的紀念碑。一次偶然的機會，聽到一個賣唱的街頭藝人在海邊唱著美麗島，「他們一再重複地叮嚀・不要忘記・不要忘記他們一再重複地叮嚀・篳路藍縷以啟山林」，悠揚上口的旋律，聽得越多越覺得韻律無窮，充滿了意象。這首歌最早的時候是聽胡德夫和楊祖珺的版本，後來傳播越來越廣，漸漸地瞭解到創作者，也就是李雙澤。走進他的過程，慢慢地被他所吸引，甚至可以說是著迷。

　　可能對大陸的歌迷來說，李雙澤是「少年中國」、「美麗島」、「老鼓手」等台灣早期原創歌曲的創作者。但對於台灣的歌迷來說，他是台灣民歌運動的推動者，是他最早喊出「唱自己的歌」的號召，帶動了台灣七十、八十年代的校園民歌樂潮。像「老鼓手」裡的歌詞一樣「我們用得著你的破鼓／但不唱你的歌我們不唱孤兒之歌／也不唱可憐鳥」，1976 年在淡江大學的學生

活動中心舉辦民謠演唱會現場，李雙澤質問觀眾「我在美國，喝可口可樂，唱美國歌；我在菲律賓，喝可口可樂，唱美國歌；現在我們在台灣，依然喝可口可樂，唱美國歌，為什麼我們不唱自己的歌？」，在觀眾的噓聲當中，李雙澤拿起吉他開始演唱台灣的民謠。這就是著名的可口可樂事件，激勵了一波台灣青年的覺醒。

　　為了深入瞭解他，看了他那篇廣為流傳的文章「歌從哪裡來」，讀完文章，頓時感到五味雜陳，錯綜複雜的情感不斷湧來。文章共分為七個部分，前奏、我就是不行、有一瓢長江水流了起來、上帝打了個電話、他是誰？、嬰仔依依困、尾聲。裡面提到了現代民歌之父—楊弦，標誌性人物—胡德夫，以及唱「思想起」的陳達。他是一個渴望衝破理想主義的人，他想要把這篇東西獻給前水瓶社的朋友們，並紀念第一次淡江民謠演唱會—那也是北區大專院校的第一次，更想告訴他們後面的人：他們曾經努力地走過一條「錯」的路。

　　他不止是他，他還代表著很多人，他有著深深的理想主義和人道情懷，但令人惋惜的是，1977 年 9 月 10 日，李雙澤在淡水鎮興化店海灘因拯救溺水的外國遊客而淹死，得年 28 歲。李雙澤去世了，他的生命是熾熱而浪漫的，雖然短暫，但綻放出燦爛的花火。他雖死，但他仍然化身為熊熊火焰活在人們心中，化成千千萬萬個火焰，繼續燃燒。他的死可以說是一種結束，也可以說是另一個開始，一個理想傳承的開始。

　　大殮前夜，他的好友胡德夫和楊祖珺連夜錄製，趕出了「美麗島」的第一個版本。出殯當天，朋友們唱著清晨剛學會的歌「美麗島」和「少年中國」，送別李雙澤。為了紀念李雙澤，楊祖珺和自己的好友們拍攝了紀錄片「尋覓李雙澤」，讓後人瞭解李雙澤當年催生民歌運動的時代背景，緬懷李雙澤。為了紀念李雙澤，淡江大學在淡水校園的牧羊草坪設立了李雙澤紀念碑，讓淡江學生知道李雙澤當年可口可樂事件的壯舉。為了紀念李雙澤，越來越多的歌手抱著「傳福音」的心態，在自己的演唱會上翻唱這「少年中國」和「美麗島」，讓粉絲繼續傳唱這些名曲。

　　補聽了些台灣音樂，又聽了馬世芳更深入地瞭解台灣音樂。看了他的「地下鄉愁藍調」，這不僅僅是一本樂評集，這是一本披著音樂外衣的青春事件簿，一部關於已逝年代的往事紀念冊。裡面有這樣一段話「不知道有多少人在青春時代的某一天，按下錄音機的播放鍵，　啟蒙時代便倏然來臨。生命中只會有寥寥幾個這樣珍貴的片刻。你撞上了一樁什麼事，足以改變你和這個世界相處的方式」。最早的時候聽的是粵語歌，後來漸漸地迷上了TVB。現在對很多台灣歌曲偏愛「落日飛車」、「告五人」、「AngelBaby」等台團，9m88 和 anpu 的歌也在喜愛的行列當中。這些在我的眼中，都是一個個閃閃發光的寶藏，也算緩解壓力的一種方式吧。

　　楊祖珺曾說：「我總在心中惶惶恐恐地想著：我的歌聲足以回答社會上關心我的人們的愛心嗎？如果音樂除了作為娛樂的消遣品而外，不能在這大時代中負起一份該盡的義務與責任，音

樂的存在是必要的嗎？」我覺得音樂已經超越了我們所有人，超越了政治，超越了你和我。為什麼要唱歌？為什麼要有音樂？因為這都是自然。

獨自坐上象山前往淡水的捷運，耳裡塞著耳機，將音樂調到最大聲，放的是李雙澤的「老鼓手」。朗朗上口的旋律，嘴也輕輕跟著哼著，腳不有自主地隨著咚咚咚咚的節奏踩著。隱隱約約傳來「下一站，Tamsui」的友情提醒，默默收起耳機，做好到站下車的準備。

大三這年我在台灣淡水，但這只是一個中轉站，並非終點站。可能你不願意來或者是你不願意走，但是這都無關大礙。在這個地方都有屬於你自己好的或者是不好的回憶。

李雙澤紀念碑
攝影：吳秋霞

在水源街上，迎面來了個阿督仔。

「嗨，你來這裡多久了」？

「我是大陸的交換生，我已經來這半年了」

「那你認識李雙澤這個人麼」？

「我喜歡他。我父親喜歡他，我祖父也喜歡他，你聽：

老鼓手呀　啊　老鼓手呀

我們問你自由是什麼　你就敲打　咚咚咚咚

我們問你民主是什麼　你也敲打　咚咚咚咚

老鼓手呀　啊　老鼓手呀

我們用得著你的破鼓　但不唱你的歌

我們不唱孤兒之歌　也不唱可憐鳥

我們的歌是洶湧的海洋　是豐收的大合唱

我們的歌是青春的火焰　是豐收的大合唱

你是老頑固你也是老不朽

誓將熱血挽狂瀾　用老骨頭撞圍牆

老鼓手呀　啊　老鼓手呀

我們用得著你的破鼓　但不唱你的歌

我們不唱孤兒之歌　也不唱可憐鳥

我們的歌是青春的火焰　是豐收的大合唱

我們的歌是洶湧的海洋　是豐收的大合唱

我們問你自由是什麼　你就敲打　咚咚咚咚」

李雙澤紀念碑
攝影：吳秋霞

不虛此行

汪紅紅

不同地方有不同的天空，廣東的天空是瓦藍的，完美的碧天如水。青藏高原的天是蒼穹的；黃土高原的天空是深邃無垠的，彷彿亙古未變。我們抵達台灣那天夜幕已經降了下來，飛機還在高空滑翔的時候，比起一望無際的黑，台灣的夜景更被我們讚歎。

台灣的美並不限於夜晚。

在淡江，週五是沒有排課的，每週都是小長假，可以走走停停，四處晃蕩感受台灣的美景和樸實的人情。

環繞新北計畫

民以食為天，兩岸飲食口味的不同讓我在剛來那幾週飽受煎熬。食不知味，心情鬱悶。剛好幾個朋友商量著要去玩，就搭上了這趟散心的車。

為了更盡興的遊玩，我們是包車去的。早上八點被舍友晃醒，十點打扮美美地出門了。上車，踏上旅途。

司機是個小胖仔，憨態可掬的很親切。明明初相識，卻處得很自在。在我們旅途結束要告別的時候，還有些不捨。但這都是後話了。

我們來到了第一站，象鼻岩。

歷時兩個小時的車程，搖搖晃晃停停擺擺，胃裡翻江倒海，剛下車，整個人都是恍惚的。但當風夾帶著海鹽鹹鹹的味道從遠處襲來，入眼的是一望無際的藍，連著對岸連綿的山和蔥翠的樹林。不禁想起海子說的：「我有一所房子，面朝大海，春暖花開。」同行的好友還感歎：「真想住在這裡。」我們打趣她：「那我們去下一個景點，你就留在這吧。」

心情整個變得愉悅舒暢起來。看著海水，躍躍欲試，一步步靠近。想把手伸進水裡，讓透涼的水趕走夏天的炎熱。胖哥在後面急忙喊著：「別再往下走了！小心一點！」我們還是一路向下，胖哥只好無奈的緊跟著我們。

海總能讓人不厭其煩地看又帶著驚喜

第二站，陰陽海

　　也許因為正值盛夏，陽光透過雲層傾瀉下來，每個路口的花草都閃閃發光。鐵杆上停駐的烏鴉，匆匆駛過的車輛，拍打著海岸濺起來的浪花和說說笑笑年少的我們，又構成了別樣的風景。心情都晴朗起來。

　　之後還挑戰高難度的拍了一張網紅版合照。是要站在斑馬線上拍，就得抓住綠燈的那幾十秒，迅速擺好姿勢，還要攝影師胖哥眼疾手快。當時在旁邊的員警都忍不住為我們著急。

當時胖哥是在停車位旁休息的，那天太陽很大，胖哥拿著我那把少女雨傘遮陽呢，讓人看著忍不住的想笑。突然就被我們拉來拍照。我們之後在車上還打趣地問胖哥，是不是第一次見到我們這麼話多事多的遊客。答案當然不是。

第三站，九份

聽說，九份是得名於當時那個地區只有九戶人家。而如今，大紅燈籠高高掛，店面和住宅連成一條看不見盡頭的小巷，巷子裡遊客們摩肩接踵。我和朋友們為防走丟，「開火車」走過那條巷子。旅途到這裡，我們其實都挺餓的了，又是人擠人的。突然，胖哥就在我們小小旅行團的群聊中告訴我們，哪些店是值得嚐試的，哪些店是要避開的。人間有真情，人間有真愛，忍不住想給胖哥頒個獎。當天我們吃了當地最有名的芋圓，進到店內的觀景台又是不一樣的風景哦。

九份如今成了有名的旅遊景點，主要是因為這是《千與千尋》的取景點。等晚上燈籠都點亮，真的會魂穿動漫世界了，回到宮崎駿老先生的筆下。但我們當時的行程是一日遊，沒等點亮紅燈籠，我們就轉到下一站了。條件允許的話還是可以找個民宿，好好欣賞夜景。

第四站，我們來到了十分

從九份到十分要一個小時的路程，我們又開始和胖哥閒聊。旅途中車裡一直有放音樂，大都是在大陸也就流行的，我們感歎

了文化的滲透性。不時還會冒出一兩首類似〈路過人間〉這種深沉的歌，我們就調侃胖哥：「怎麼歌單都這麼憂傷呀？」

然後接下來的旅途，都在周董的歌聲中度過。期間，我們問了很多關於台灣購物、交通甚至車牌號等奇怪的問題，胖哥都一一解答。笑聲朗朗，甚至在車上自拍合照，很快就抵達目的地了。

十分的鐵軌又是《那些年》的取景點了。又躍躍欲試地要去鐵軌上拍照，也趕巧了當時還沒到地鐵運行的時間。凹造型，咔嚓。

這裡忍不住要說說取景地這個問題，台灣可太多取景地了。周董的母校淡江中學就在淡水，《不能說的秘密》取景點也在那。應該是誰都會說的那一句：「最美的不是下雨天，而是和你躲雨的屋簷。」就是淡江中學的屋簷啦。前面說到的在陰陽海拍照的地方也算半個取景地。我們知道《灌籃高手》的取景地是日本的鐮倉。因為風景的相似，那裡也被稱為小鐮倉。生活在台灣，每天都在影視劇中行走。

終於來到最激動人心的環節，放天燈！

還沒有到目的地就可以看見一群一群的人，在點天燈，寫願望，嬉嬉笑笑的。剛到要寫願望的環節，大家其實都還沒有想好寫什麼，但真正拿起筆的時候，卻都能把整個紅面鋪得滿滿的。烤鴨順利、單身公寓、探大錢，願家人身體健康，所遇之人平安

喜樂，前途似錦，歸來少年。所遇之事都是順遂……

本來我也不是個迷信的人，但當寫願望的時候，就好像真的會實現一樣，心臟加速 800 邁。

「數到三，就放手哦」

「一二三放手！」

然後天燈從四個人的手裡離開，慢慢的平穩地往上飄，飄到城市上空，飄到廣闊天空。看著它上升的整個過程，內心活動很豐富，有種情懷沖腦的感覺。要來放天燈哦，萬家燈火裡有一盞載著自己的夢想，想想是不是超讚。

雖然只是出行司機的胖哥，我們之後聊天聊著也還會提起他，真的是很可愛的一個人。比起台灣的風景我更喜歡濃濃的人情。

之後，我們還去過宜蘭，跳傘衝浪。當晚我們還差一點回不來了，又已經是深夜了幾個女孩子束手無策的，越想越害怕。同行的最大大咧咧的女孩都開始害怕了，恐懼就開始蔓延。也是託車站對面一家傢俱店的老闆娘好心幫我們聯絡叫車，還讓我們去店裡休息等待，我們才剛剛好趕上了最後一班回來的捷運。雖然我和同學又大膽決定通宵遊蕩街頭，去看夜景，逛誠品。但這又是另一回事啦。

跨年快來了，《繁星閃爍時》也行至半途了。

二十四小時清醒記

林逸凡

　　淡水總愛下瓢潑的毛毛細雨，配合著陣陣不知來處的斜風，像是故意對傘的挑釁。陰雨連綿的日子，心情也變得黏膩了起來，期待一場逃離。

　　這一次的旅行，像是一場蓄謀已久的意外。手中握著四張粉紅色車票，上面清晰地印著「往二城→頂埔→頭城→烏石港」，跟小夥伴們嘰嘰喳喳地站在月台邊聊天，周圍嘈雜的人群中似乎也彌漫著對未知旅途的興奮因素。

　　第一站抵達「蘭陽博物館」，位於宜蘭縣頭城鎮烏石港區，這棟建築是以頭城鎮北關海岸一帶常見的地貌特徵單面山為基礎設計，從外觀上可以看出建築與自然的完美融合，遠處望去像

是一塊浮在水面上的大烏石，走近了看發現它是由許多鋼骨拼湊的牆面加上大片的玻璃帷幕，有一種超未來的美感。館內共有四個樓層，分別為「序展」、「山之層」、「平原層」、「海之層」和「時光廊」，充分展現了宜蘭當地的人文風情與自然生態。那時正值中午一點左右，陽光十分耀眼，我們與其他遊客一樣，紛紛在博物館的外牆邊拍照留念，玻璃牆面映射出湛藍的天空，偶有幾朵白雲拂過，頗有「天空之境」的意味。

原計劃是要玩飛行傘，但由於風速風向等問題，當日飛行傘專案不開放。在出行前我最期待的地點就是「外澳黑沙灘」，對於海，我總有種特別的嚮往。夏日，一切總是敞亮而明媚的，若要列一份愉悅事物清單，屬於夏日的名詞定不占少數──冰鎮酸梅汁、半個大西瓜、清澈淡藍的游泳池、柏油路上無規則散落的點點光斑、雨後草叢裡竄出的清香──當然，還有海。在我的認知裡，似乎夏日就應該與海為伍，海浪的聲音嘩嘩作響，應和著沙灘上人群的喧鬧，海是浪漫的。

到達外澳海邊，已經是下午4點。夏天鹹濕的海風不間斷地吹來，海浪翻湧著，一浪又一浪，翻裹著黑色的細沙，陽光落下來，零零星星的絢爛光芒在海面上忽隱忽現。

衝動之下，我們臨時決定嘗試衝浪。通向沙灘的沿路上幾乎全是衝浪店，全身裝備好後，到沙灘上找教練，教練是個皮膚黝黑、笑容燦爛的大男孩，他迅速拉近了彼此之間的距離，用短短十分鐘清楚地講解了衝浪的基本要點和必須注意的安全事項，

在沙灘上稍做練習後，我們便扛著衝浪板忐忑而又興奮地衝向海浪。這是我們的衝浪初體驗，每個人都只敢在鄰近岸邊的海域，好幾次被海浪打翻進水裡，嘗過才知道海水的鹹澀，一直不斷不斷重複相同的起跳姿勢，一次次倒下又重新站起，絲毫沒有氣餒，反而更加激發鬥志，那時候隱約感受到自己體內強大的力量。

在大海邊，可以切實地感受到時間的流動，太陽一點點下沉，潮水一點點上漲。岸邊有教練在吹著口哨召回衝浪的人兒們，心中告訴自己再最後一次嘗試，竭盡全力認真完成起跳動作，雙手撐在衝浪板上，雙腿一躍，站起來了！雖然因為浪太小，沒衝幾米就停下了，但仍然滿足帶一點小小驕傲。

陰陽海
攝影：吳秋霞

岸時，正巧是黃昏光景，天空不似往常看到的溫柔的漸變色，而是任琥珀色的落日餘暉肆意蔓延籠罩，那一瞬間，恍惚以為自己就是琥珀裡的一隻小小昆蟲。

甕仔雞
攝影：吳秋霞

簡單沖洗後，離開外澳黑沙灘，四個人沿著黑漆漆的公路尋找美食，最終找到了一家非常出名的烤雞店。金黃色的外皮，撒著點點香料，撕開肉，湯汁順著鮮嫩的肉流了下來，我們吃著吃著想家了，家裡也有這樣可口的飯菜，也有這樣暖黃色的燈光，店內還放著兒時父母總在家裡放的八、九〇年代的流行歌曲。

踏出店門，街道上愈發冷清，跟著導航找到了回去的車站，一片荒涼，過路的車輛也很稀少，很幸運地遇到了一位熱情善良的店主，幫我們打電話預定了客車，在等待的間隙，我們無數次幻想了趕不上末班捷運的情景，甚至設想好了萬一露宿街頭，要怎麼打發這漫漫長夜。客車將我們送回台北捷運站時，已臨近十二點，只剩最後一班捷運，我和 HH 似乎有些過於興奮，決定不趕車，在台北街頭通宵一晚。

繞了一圈，大部分店鋪都關門了，僅剩電影院、夜店、海底撈還在營業中，我們選擇去看電影《小丑》。看完電影走出影院已經三點多了，下一站去尋覓 24 小時誠品書店，打算借 Youbike

的時候 HH 才發現錢包落在影院化粧室裡，我們著急忑忑地原路返回，幸好它還在那乖乖等著我們。騎上 Youbike，在近乎空無一人的街道旁，很奇妙的感覺，心裡想著：或許這輩子同樣的事就只會做這麼一次吧。誠品敦南店 24 小時營業，位於敦南金融大樓的二樓，樓外靜謐安靜，而樓內的書店燈火通明，出乎意料，雖是凌晨，裡面人也不少，我們挑選了自己喜歡的書，坐在台階上看了一會兒，無意回頭看窗，天竟有些濛濛亮，HH 興奮地說要出去看日出。

清晨的空氣總是格外的不同，不似深夜的冰涼與孤寂，也沒有白晝的喧囂與聒噪，深吸一口，清爽，溫柔，愜意，陽光裏著淡淡的霧氣，小心翼翼地灑在街道上，看著車輛漸漸多了起來，紅綠燈不分晝夜地工作，市井煙火氣悄悄蔓延，直切地感受到整座城市的蘇醒。我們在中山紀念堂停下車，早起健身的爺爺奶奶活潑可愛，四處覓食的鴿子輕盈蹦躂，而我們，完完整整地感受了一天二十四小時，獨有的，無法復刻的，二十四小時。

搭捷運回到淡水後，在宿舍樓下滿足地吃了一頓早餐，回到宿舍，倒頭就睡。熬夜傷身。

誠品敦南於 5 月 31 日正式謝幕，進入倒數時刻，已連續不斷電經營了超過 18 萬 6000 多個小時，它是好多人的共同記憶，突然感到慶幸，那晚我們留在那裡。在它斑駁的時光記憶中刻畫下了專屬於我們的特殊記號，也在我們瑣碎的生活場景中為它悄悄地圈出了一塊角落。

　　很多時刻，總是一閃而過，轉瞬即逝的，很多事情，總是當下不做，只剩錯過的，「每一個人，身上都拖著一個世界，由他所見過、愛過的一切所組成的世界」，有些片段美好又不真實，在我們日復一日乏善可陳的時日裡，它顯得那麼浪漫，那麼耀眼，像是一種犒賞。比如，淡水河邊的日落，我知道它不會缺席，我知道明天後天大後天它還是依舊，但我仍不忍錯過它的每一次落幕。

　　微醺的天色，溫柔的夏日晚風，肆無忌憚的最後光芒，直到對岸點點燈火閃爍，它知道，它該退場了。

水湳洞小鎌倉—重現灌籃高手場景

攝影：吳秋霞

65

巷弄深處的驚喜

黃俊宏

　　拖著來台灣之前沒多久才買的黑色大行李箱，身上背著黑色雙肩包，登上淡江大學安排接我們到宿舍的大巴。從松山機場到淡江學園的路程要將近一個小時，不過那時候在車上也不知道，雖然提前買了台灣本地的電話卡，但還沒習慣用谷歌地圖，在車上，大多數人都是一邊張望車窗外的景色後和旁邊的人交談一下，大家都抱著各自的期待，就連最悶騷的班長在此時都激動地在朋友圈上大展嘻哈風采。望著車外的風景，我最開始聯想到的是自己的家鄉泉州，台灣的街道與泉州有著相似的味道，在建築上也十分像泉州的紅磚厝，

　　不知不覺中，已經來台灣快一個學期了。從剛開始的陌生，

到熟悉，再到現在我已經很適應在台灣的生活。習慣性地在 7-11
買早餐，或者是去上學路上的早餐店買一個現做的三明治，台灣
早餐店是漢堡蛋餅和豆漿的結合，可以說是中西式的結合，早餐
店的老闆親切熱情好客勢不可擋，有時候貪睡去那兒吃早午餐，
總會有老闆的「特別招待」，即便有時候不吃他家的早餐，只是
經過而已，老闆也會熱情的向你 say hello。對台灣深刻的印象，
應該是機車的世界，大街小巷，穿插如流都是機車；檳榔的終極
愛好者，檳榔店遍地開花；老街夜市遍地，總能在這裡找到你喜
歡的小吃。

　　在台灣目前只去了台北、基隆、南投和台南，最想去的地
方是墾丁，正好也是離我最遠的地方，鑒於台灣的交通，頓時讓
我有種任重道遠的使命感，雖然只是去玩的。切記，台灣處處潛
藏著巷子深處的驚喜。在台北，最好吃的美食、最好喝的酒大部
份都潛藏在不起眼的巷子中，每次在尋找到一些網上流傳口碑很
好的店鋪時，我和身邊的小夥伴總會面面相覷，這裡真的可能賣
xxx 嗎？走進一看，有個塞滿人的地方，錯不了了，就是這裡。
比如我絕不會告訴你台北最好吃的咖喱飯在信義安和捷運站三
號口下來直走，直走到什麼時候呢？當你看到一家日式風十足的
店並且門口有一串人在排隊的時候，沒錯就是它了。當然其他的
店要自己找，不好吃怎麼辦，下次別來唄，但當你能鼓起勇氣進
入，不論你是一個吃貨還是酒鬼，並且店裡賣的餐點或是啤酒令
你驚喜，那將會有極大的成就感，自然會有一種沒有白來一趟台
北的成就感。當回去後朋友問你哪裡好玩，你就能在舉完例子後

夾帶一句：別忘了去 xxx 哦，那裡的東西超好吃，那裡有賣好喝的精釀啤酒。

熱情的台灣人最大的優點不僅是他們善待每一位陌生人，我認為最好的是在與他們依舊願意沉下心來追尋自己的夢想，不一定是那種宏大的夢想，可能只是自己的小確幸，因此他們才能把自己的產品做的精緻美好，我認為台灣人的性格特點是多元的，帶有日本的匠人精神但又時刻驚醒自己要做些出其不意的東西，這種精神構築了台灣的個人文創，是我在台灣遇見的最美好的東西。

這一學期我們還集體去了南投進行戶外教學，旅程令人勞累，因為我會暈車，但是印象最深的是在仁愛鄉清流部落與賽德克族人近距離交流，因為在此之前，就曾數次在課上聽說過賽德克巴萊這部電影，聽說了這個震撼的故事，來到這裡的時候，還天真的認為他們還保持著電影中出現的生活習性，但他們早已和現代人交接了，他們依舊保持著原初的本性和傳統。

特別是見到畢夫——一個依舊保持著賽德克族人傳統打扮的當地族人，分別在額頭和下巴印有印章樣式紋身，脖子上掛著已經去世父親的頭髮，令我感慨萬千。在清流部落，他教我們怎麼設置抓捕獵物的陷阱，並且還讓我們體驗了射箭的技巧，在畢夫的脖子上掛有三四個生物的獠牙，那都是他親手捕獵到的，算是一種象徵，如今他們已不再需要特地為了求生而上山捕獵了，只是為了保留傳統的習慣。

　　他們依舊保留著自耕自足的生活，在這裡可以看到大片的水稻田，雖說清流部落已經變得相對現代化了，但作為外來者，單是站在水稻田旁，仰望群山，便可感受到過去那種原生態的生活。而最讓我印象深刻的，是我在這裡傾聽莫那魯道的故事。

　　台灣現存的14個少數民族中，賽德克族人數最少，莫那魯道作為一個族群的領袖，沒有保護好自己的族民，導致種族幾近滅絕，他的民族氣節值得我們深入思考，沒有人天生殘酷，日本人也有善良友好的一面，刻板印象總讓我們帶著有色眼鏡看世界，歷史上很多事情是不能用簡單的是非對錯來評價的。關於邊疆地區和少數民族的歷史，我們今天瞭解到的只是官方的解讀，但當時的情形未必如此，地方政治中充斥著內部爭鬥和個人恩怨。在我一直對莫那魯道該不該號召族人抗日的行為莫衷一是時，聽到民間傳說的說法是，莫那魯道的兩個兒子為了一個女人與日本人發生衝突，莫那魯道反對對抗日本人，率全家到山上自盡了。這個版本的傳說都足以顛倒黑白了，流傳下來的官方版本只是最有利於賽德克族發展的，是賽德克族的知識精英們為了重建自己的民族獨立性，利用想像過分神格化自己的民族領袖罷了。歷史既然發生，定有其必然性，不會因為某個頭人的決定而改變，也不必再去費心討論其道德層面的該與不該，尊嚴與生存的問題。

是寧折不彎，還是忍辱負重，這些都是中華民族的傳統美德。保存文化，還是保存血脈，這是一種博弈。不同研究領域的學者之所以能夠溝通、討論，是因為有一套共用的學術範式和邏輯。瞭解自身文化最好的方法是與異文化比較，瞭解異文化人群對自身文化的看法，所謂「旁觀者清」是也。

最後回歸到在台灣待的時間最長的地方──淡水。有些書上是這麼介紹淡水的，說它是台灣的後花園，當人們週末想去靜下心來逛逛時，會來到淡水。我自己很難確切的描述對淡水的感受，以前老爸喜歡在車裡放閩南語的音樂，我會哼唱其中的很多歌，到了淡水，才知道從小聽到大，並且時不時哼唱的一首叫做「流浪到淡水」，並且記得最清楚的歌詞永遠是那句：「有緣，無緣大家來作伙，燒酒喝一杯，乎乾啦，乎乾啦。」或許命中註定我跟淡水在很早之前就是有緣的。

校外教學：李其霖老師講解賽德克族歷史
攝影：吳秋霞

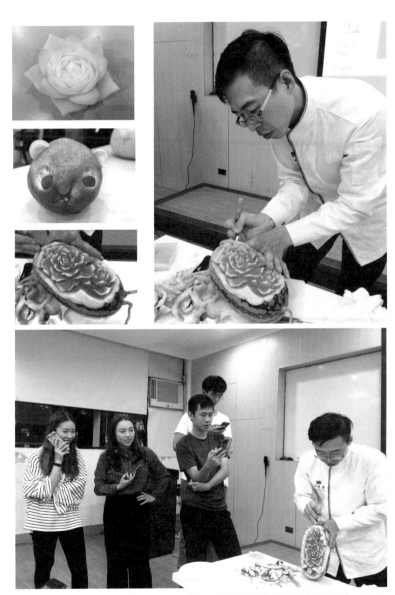

文化創意產業概論─邀請 2017 奧林匹克果雕冠軍李竣浚老師至課堂演示。

攝影：吳秋霞

南投遊記

邱淩雁

日月潭的早晨景色

　　去程因為趕路引起腸胃不適吐了兩次，上一次吐是五年前急性腸胃炎的時候，雖然從小坐四輪以上的陸地交通工具就會暈車，但已經很久沒有喚起過強烈地想吐的感覺了，以至於沒有給自己準備暈車藥，還好之後的車程裡都沒有那樣難受的身體感。

　　出發當天淡水已經連下四天的雨了，雨勢不大的話最好不要撐傘，我的傘被風拗了 N 次還沒壞真是值得慶幸。雨天堵車使路程漫長了許多，加上胃裡的翻滾變得更加難熬，這難受的感覺已經多年不曾出現，而今突然湧現。使我無心去欣賞車窗外風景的變化，一到休息區就馬上下了車，雙腳站在平穩的陸地上的感覺真好，感覺身體馬上就穩定了。

　　第一天的行程裡最喜歡的是參觀伊達邵部落，雖然看著行程表卻記不起來活動內容，去相冊翻到照片才反應過來。雖然沒有坐船更近距看日潭，好歹也可以說自己來過這個在小學課本上就被稱讚的地方了。怕自己亂買一通索性跟著其霖老師走，聽他解說這裡的歷史，看到了各種形制的貓頭鷹，也買了幾個精緻小巧的飾品留做紀念。

　　第二天早晨 6：30 的鬧鐘響起，洗漱整理半小時後去餐廳，看到了來台灣後就一直想吃到的東西—白稀飯，還有花生米、番茄炒蛋、炒白菜，還有泡好的茶，迫不及待地拍照告訴家人自己終於吃到正常的早飯了。不敢吃得太飽，怕在車上又難受。起得算早，吃完還有二三十分鐘的緩衝時間，在室外感受又涼又新鮮的空氣，還有久違的安靜—沒有機車和汽車的尾氣和機車發動機的轟鳴，是一個很久沒有度過的愉快的清晨了。

　　第一個行程是去清境高空觀景步道，山路回環曲折，天氣剛好，光線剛好，位置剛好，目光向著窗外就不想收回來。路上的一個小插曲是快到的時候，在轉彎前的坡道時車熄火了，重啟了好幾次還伴著倒退，雖然是半坡起步常有的狀況，但路面窄，迎面又不時有觀光車轉彎過來，還是有那麼一點的害怕，抓起安全帶繫好，盼著車子下次啟動成功繼續開。

　　有溫暖而強烈的陽光，有清新且不斷的空氣，從步道上往下、往對面看，某些畫面像極了歐洲的平原小鎮，還有形似城堡的建築，就差沒有看到綿羊了。在步道上散步的人心情應該都很

愉快吧，無論在向上爬還是向下走，想到的、想要的，都變得簡單起來：熱了脫衣有風吹，累了停下有樹蔭，渴了休息有水喝，就算假裝愜意也很應景。不到半個小時就走完下山的那段步道，撐不滿剩下時間。嘗試了一顆路邊攤販給的熟銀杏，苦甜苦甜的，沒有記憶的味道。想起家裡種的銀杏樹，聽父母說當時種了十來棵苗，只活了一棵雄樹，所以從小到大都沒見過銀杏果，居然一直不好奇銀杏果的樣子和味道。

　　再往下走，看到了紙箱王的門店，在福州黃巷也有一家，想知道差別在哪，就進去逛了一會兒。紙做的掛件、擺件，結合其他材質做的東西，借鑒其他東西的設計，編織拼圖有點意思。買了兩個紙板的明信片和一個石頭手繪貓頭鷹——店員說是澎湖的一個老師做的，在其他地方買不到。於是現在桌面上多了這麼一個擺件：黑色的身體，大大的眼睛，紅色的鼻子，身上的裝飾不是羽毛是貼上去的帶有亮粉的花。光看描述實在難以想像是什麼樣子吧，但確實可可愛愛的，正看著我寫這篇遊記。

　　消費滿 200 元送一張紙火車體驗卷，我有了兩張。紙火車，開在鋪在店裡地上的鐵軌上，三個大人坐在車廂裡，覺得自己很幼稚但是真的開心。很久沒有起過希望有人可以拍下自己某個時刻的念頭了，那個當下突然有點想。火車開動前有個小朋友看到也想玩，來不及把多的那張票送給他，車就開了，等停下來再找

人的時候找不到了，能自己留下。

　　晚上回到旅館時渾身充滿了疲憊，快速地洗完澡就睡下了。所有的困倦都爆發，第一天認床程度減輕了，睡了一個深沉的覺。早上起床時雖然還是覺得沒睡夠，但總算有休息到。還是相同的早餐，味覺沒完全醒來之前不接受油膩和味道重的食物。煎了個蛋，因為從小家裡吃的煎蛋都是全熟的，所以無法接受未熟且流出蛋黃液的奇怪口感。

　　第三天安排的行程是川中島，體驗賽德克部落的文化。大巴離開旅館的路上，眼睛一直看著窗外。前一天早上離開的時候發現的小葉欖仁，好大的一棵，像大傘一樣平整地伸展開來，之前只見過樹苗，小小的葉子，秀麗地惹人喜歡。再來的可能性很小吧，手機開著攝像頭不停地拍照，想盡可能地抓住自己來過的證據。進山的心情總是好的，有親切又熟悉的感覺，我和朋友描述這種「像回家一樣的」感受。不規則的田地裡似乎按照某種規則

清境高空觀景步道

75

種滿了同種植物。相似或相同的植物、溫度、生活，彷彿永遠不會變，可以在這樣的時間裡找到某種自由，簡單而自足。

聽導遊大哥解說這個地方，知道了賽德克族、莫那魯道、霧社事件和霧社事件餘生紀念館，是和信仰有關的歷史，沉重地放光。看了《賽德克·巴萊》的五分鐘預告片，還學了一首賽德克族的歌曲和一種他們打招呼的方式。去田地裡體驗射箭，記得小時候爸爸也用竹子給我做過一個簡單的弓箭和一支箭，射在飛鏢玩具的靶上。講解的伯伯赤腳在地裡行走，看太陽判斷時間，教我們怎麼放陷阱，怎麼射箭。三根箭出去最後一支才射到靶上，聽箭射在靶上的聲音感受到弓的力量。坐在涼棚裡吃午飯的時候想到了在老家和家人一起吃飯的時候──外面是山和樹，腳下有貓，臉上有風，完全放空地坐在餐桌前無意識地咀嚼嘴裡的食物。

現在是回來第二天的晚上 10:20，雖然還是沒有從疲憊中脫離出來，但還是想儘快把這篇遊記完成，很多情緒和感受的及時性過了就找不回來了。

還有一件讓我覺得神奇的事情──《賽德克·巴萊》的電影原聲帶是陳建年製作的。我在高中的時候聽到了他的一首歌，歌聲可以讓我安靜下來，專心聽其中的故事。這首歌於我有很強的代入感──家在山腳下，門前種桃花。

九月底在教室外面的走廊，看到世界音樂節的海報，去 FB 搜索詳細詳情的時候看到 10 月 19 日晚上有陳建年的 live music（其實是和吳昊恩、南王三姐妹合作的表演，但我只知道他），

馬上和一個朋友約定好時間，放學就去買了票。因為天氣不好，那場演出又排在最後，很多人看完前面的就走了。因此能和朋友幸運地在靠近舞台的地方找到了空地，雖然沒有拍到很清楚的人像照片，能聽到現場音樂也很開心。高中時不曾想過會讀一個閩台合作的專業，會真的來到台灣，會到他的現場演唱會，也不知道這個月的校外教學裡自己感受最深的東西和也和他有關，是很神奇的聯結了。

回程的時候只想睡覺，隨著車子的顛簸迷迷糊糊地睡到新竹，和也來台灣交流的朋友發微信說自己離她好近但不能去找她，拍了夕陽、雲朵和光線遊戲的合照，差一點錯過，還好轉了個 90 度的頭。

有遇見，有分別，有印證，有收穫，也借著進山得到療癒，現在能勇敢一點地面對未知了。

校外教學：賽德克族示範放置陷井

攝影：吳秋霞

太平洋和風

陳霖

　　「最北的燈塔，最南的海灣，經過淡江中學去看淡水河的日落，熟悉而又陌生的街巷，還有台北的夜晚。」

　　對台灣最初的記憶，來自於每年一定會重溫的《惡作劇之吻》，湘琴告白的天台、兩人初次約會的碧潭、手牽手飛奔過的街道……當年《海角七號》走紅後，范逸臣飾演的男主角──阿嘉的家所在的墾丁，也成了我日夜想要前往的「海角之地」。在這裡，阿嘉偷偷地拆了那七封情書；在這裡，阿嘉和友子發展成了一對戀人……在赴台前，想到那些年看過的台劇拍攝的場景，馬上要清晰地出現在自己面前，還是覺得不真實。

　　抵達台灣的第一晚上，坐著學校安排接洽的大巴前往宿舍，

雖然疲憊但對一切都覺得新奇。記得十分清晰，那天夜裡下著大雨，卻絲毫澆不滅大家的熱情，大巴上的 KTV 式燈讓車上的同學驚奇了好一陣。後來聽聞老師說，台灣的旅遊大巴都是可以唱歌的。從被雨水模糊的車窗望出去，在路上騎行更多的是機車，這也是後來在淡水生活的一個很大的感受—機車比自行車還多，而且一輛騎得比一輛快，就連女生都騎得很猛，所以在台灣，要很注意車流量多的路口。也是在這一天夜裡，看著路上那些電動車後座架著寫有「Foodpanda」的粉色外賣箱，知道了台灣外賣App 的名字。

在飛機上提前看過了台北的夜景，金黃色的燈在雲下連成一片。經過一架不知名的大橋，瞧見了遠處的 101，這時候才有了到達台灣的實感。大巴行駛了近一個小時後，看到了淡水捷運站，學長貼心地提醒到：「你們以後會經常到這個地方來。雖然來之前，聽聞了捷運站離宿舍很近，但生活了快三個月後仍是覺得十分遙遠，相比福師大在倉山的地域優勢，淡水出行還是很不方便。終於抵達宿舍，最先看見的是「麥當勞」和「肯德基」，緊接著是「五十嵐」和「Coco」，和福師大門口相似的店鋪分佈不禁讓初到台灣的我們有了一絲親切感，果然不管到達何處，食物總是最大的安慰。

第二天學校安排了歡迎會，並且組織大家參觀了校園。淡大是一個沒有專門的校牆和校門的大學，剛開始很不習慣路口的盡頭往上走就進入校園的感覺。淡大和倉山最大的相似處在於也要不斷地爬坡。學校我最喜歡的地方就是圖書館。五樓是影映室，

有空閒的時候，可以約上幾個好姐妹、去看電影。圖書館還有許多單間的獨立自習室，和我在韓劇上看到的考試院的構造有點相似。淡大圖書館窗外的風景是出了名的，和牆面一般大的玻璃窗，米色窗簾片掩映的點點日光，在這樣的環境下，不管是看書還是寫作業，都是一種享受。值得一提的是，圖書館的電梯是觀賞淡水河的好地方，可以直接看到淡水的入海口，碰上傍晚的時候，還可以欣賞到淡水出名的落日。

談到淡水河的日落，就不得不說起漁人碼頭和淡水老街。漁人碼頭是淡水的最北端，這裡有著著名的景點──情人橋，坐公車就可以直達。曾在一個晴天的週六，突發奇想去看了入海口的日落。夕陽西下，來往的行人和情侶，小酒吧的駐場藝人唱著兩岸都流行的現代歌，伴著海風，時光彷彿停留在街口彈吉他的街頭藝人的指尖上。

說到淡水老街，相信每個來到淡水的人一定會被這裡的古早味蛋糕和麻吉奶奶的　麻糬所吸引。沿街到處是小吃，彌漫著專屬台灣的煙火氣息。如果到這裡遊玩的話，還是選擇平日，畢竟作為淡水必到的景點，週末的遊客人數還是會一定程度地影響出遊情況。在平日下課的夜晚前往，去吃炸蝦卷，喝一杯幸福堂又或是酸梅湯，在碼頭吹吹風，看看對岸的八里，無不愜意。

在十月初的時候去了基隆。下午去十分放天燈，用毛筆在八面的孔明燈上寫下自己的心願，和經過的火車上的乘客打招呼，拍下了舊式火車站，用相機定格下彷彿停在九〇年代的落在月台

上的日光。之後去了象鼻岩，在夏末時分見到台灣的海，和在大陸海岸見到的海不同，台灣北海岸的海是深藍色的，白色浪花一層又一層地激蕩著海灘邊深色的岩石。

在夜間前往九份，因為是雙十節，在上山的途中堵車堵了許久後，最後決定走路上山。九份是一座沿山而上的小城。當我們拐過路口的停車場後，就置身入夜後的山城，巷子兩旁是紅色的燈籠，沿著街巷迤邐，路旁各色小吃店，饕客人頭攢動，腦海裡想到的是《千與千尋》裡千尋和白龍穿過的街道。「這裡的景色像你變幻莫測，這樣的午後我坐在九份的馬路邊」，陳綺貞的一首《九份的咖啡店》，讓更多的人瞭解到了這個昔日經歷黃金盛世，石頭房依山而建，鱗次櫛比，蔚為壯觀的山城。街道彎彎曲曲，商家聚集，有很多九份紀念藝術品，九份的第一家茶坊以及九份文史工作室都可以在基山街找到。

福容飯店

淡水是一個時常下雨的地方,且位於台灣的風口處,每到陰雨天就又冷又濕,經過宿舍樓下的第一個路口,每次頭髮都是亂的。在十一月底的校外教學去了溫暖的台中,看到了小學課本上的日月潭,有點可惜的是行程過於緊張沒有搭上纜車,也沒有吃遍街邊的小吃。第二天的早晨體會到了海拔兩千米的寒冷,在清境農場的步道感受到天高山遠,空氣新鮮得不像話,天空也是澈亮的。

十一月的淡水,有三分之二的時間在下雨,逮到晴天就馬上約了同學去碧潭划船。看著《惡作劇之吻》中的經典場景出現在自己面前,和同學聊著那些搞笑的劇情和台詞,等候著太陽落山,去西門町吃晚飯,一天就這麼過去了。

說了這麼多,台灣最讓我喜歡的還是一它完全是韓圈女

孩的追星聖地。不用昂貴的機票，不需要費盡心機地用高價去買黃牛票，只要在全家或者購票網站蹲點，一般都能買到自己心儀愛豆的見面門票。這幾年由於一些原因，韓國藝人前往大陸活動的機會很少，因此在台灣的活動也就舉辦得越來越多。從九月赴台之後，我瞭解到的就有許多韓國藝人到台灣開見面會和演唱會。我也有幸追星成功，在 TTIC 擁有了一個浪漫而又瘋狂的夜晚和記憶。台灣的音樂文化也很繁榮，數不清的大大小小的音樂節開了又開，最重要的還是門票免費，只要多加留意 FB 上的訊息，就可以盡情享受音樂帶來的快樂。

這一個時光漫漫的小島，有太平洋的風，有北回歸線穿過的暖陽，還有我們不知道的地方和秘密，都等著我們去探尋。

未來可期。

太平洋

攝影：鄭子宸

隨機播放

林錦瑜

　　晚上九點多抵達機場，飄著毛毛細雨，一落地立馬換好電話卡給家裡報平安。我不是一個戀家的人，甚至每次回家都會和家人有或多或少的爭吵，所以上大學後也很少回家，但當我下飛機踏上這一片時，卻有了一種真切的離家的感覺，匆匆掛斷的電話讓我不禁懊悔，臨行之前為什麼沒好好和家裡人道個別，突然間好想他們，明明才剛剛到達這裡。

當你的眼睛瞇著笑・當你喝可樂・當你笑

　　來到淡水的第一個晚上，我便慕名逛了傳說中一應俱全的便利店，萊爾富、全家、7-11。終於只在韓劇、日劇裡能看見的坐在便利店裡吃便當的場景出現在了我的眼前。不同於以往見過普普通通平淡無奇的 24 小時便利店，在台灣的便利店，幾乎可以

完全一切生活日常所需。小到一日三餐和日常用品，大到演唱會門票電影票甚至是丟垃圾、ATM 取現、寄收快遞等都可以在便利店解決。仗著便利店的方便性，偶爾趕著上課的最佳選擇就是拿上一個肉鬆飯糰、一杯熱豆奶，便足以填飽肚子。

　　從學園裡出來左右兩邊都是街道，左邊是炸雞店，右邊也是炸雞店，當然，必不可少的還有沿路的奶茶店，真的難以想像台灣人對於奶茶和炸雞的熱愛，在街頭巷尾不管男女老少都喜歡捧著一杯奶茶，而炸雞店門口的隊伍永遠都是一條長龍，好似從來都不擔心自己會不會失業。這裡什麼都是甜的，奶茶是甜的，雞排是甜的，花生湯是甜的，牛奶冰是甜的，滷味是甜的，車輪餅是甜的，雞蛋糕是甜的，甚至，連這裡的人也是甜的。曾和同學開玩笑說，為什麼台灣的小哥哥連說話都這麼甜，同學回「可能是從小被奶茶澆灌長大的吧」，一想此言倒是不虛。第一次走去學校參觀校園時，路經一家早餐店，店裡的叔叔許是看出我們不是本地人，在忙碌中探頭笑著對我們說「出門在外要加油噢」真的是，甜到心坎裡去了。

　　其實來到這裡，花了兩個禮拜才長了記性出門要帶現金。好像從我高中時候起，就極少會有接觸到現金的時候，以前過年了拿個紅包轉身也就存進銀行卡裡去了，早已記不太清，把它悄悄壓在抽屜的筆記本下，要用的時候再抽一張出來當寶貝似的是什麼心情了。買一個小小的零錢包，把沈甸甸的硬幣和大大小小的紙幣往裡面塞時，有什麼空缺的地方彷彿被填了起來，比拿起手機就支付多了幾分人情味。

詞不達意

　　沿著長坡爬上來就是我們平時的上課區域，主要是會在文學館和傳播館。淡大是個山坡地構造，所以有很多的地下樓層；若是選了紀錄片的實習拍攝，還有機會每週四早上七點爬起來到傳播館的地下樓層上課。但我最喜歡的還是每週一下午上課的宮燈教室，一座座紅房子順著道路兩側排列開來，教室的前面種著一整排的杜鵑花、薔薇和玫瑰花，要進到教室得先穿過矮樹，踩在石板路上，彷彿置身曲折回環的清庭大院。

　　從教學樓出來又是一段長長的坡，來學校的第一天我們便戲稱道，從一個下雨的城市來到了另一個下雨的城市，從「福建女子爬坡大學」來到了「台灣女子爬坡大學」……走過那段路，便會來到我們最經常待的地方，淡大的圖書館，在那裡借閱、休息、習作、複習，偶爾也會在圖書館的五樓看看電影，但大多數時間都是在分析紀錄片的作業。圖書館有九層，每一層都有自習的位置，五樓是非書資料區，有著非常豐富的影片、錄音帶、藏著許多經典著作，可能讓我在這裡待上四年都不一定能讓我把想看的影目看完。六、七樓是我們最常流連的場所，裡面有著許多課業相關的中文書籍，足以解決各種各樣的課題報告問題和平時的閱讀需求。在台灣很好的一個點是同性戀的合法化吧，可能在這裡很坦然且光明正大的找到一些原本可能很難找到的同性研究資料。

詩裡躺滿你的名字

　　住在淡水，一定不能不去的景點就淡水老街及漁人碼頭，久負盛名的夕陽景色誘使我們來到這裡以後就迫不及待的來到淡水河邊一飽眼福。餘暉下的碼頭鋪陳著一片金色的碎光，斑駁在夕陽下的落葉，像在淡水河裡撒滿了金箔。啟程的漁船向對岸開去，一點一點吞沒在落日光暈下，只留下蕩開的水波，水面上依舊是夕陽的倒影。所謂「一道殘陽鋪水中，半江瑟瑟半江紅」，大概，就是這個樣子。晚風拂來，送來陣陣歌聲，是老街裡街頭歌手的聲音，經常會有歌手到這裡來彈唱表演，每次來都可能遇到不一樣的人，三三兩兩，有時是一個人，有時是一行樂隊，但歌聲總是讓人流連。

我沒有任何天分，我卻有夢的天真

2019 年的 9 月 28 號，是來到這裡最瘋狂的一天，因為五月天的演唱會門票開售搶票了。毫不誇張的講，我從沒想像過五月天在台灣的人氣高到網站幾分鐘都無法進入，跨年場幾秒售空，就連第二輪補票都依然是一票難求，留下的只有守在電腦前捶胸頓足忍不住大叫的我，看著身邊的同學一個個都買到了門票，果真是沒有任何天分，卻有夢的天真。

夏末秋涼裡帶一點溫熱有換季的顏色

來到這裡最忙碌又收獲滿滿的應該是王尉慈老師的「大淡水」紀錄片，這學期拍攝的主題是「良師志」，負責瞭解和拍攝一位非常出色的翻轉教學老師，但由於我們不是專業出身，所以老師還為我們規劃了幾個熱身作業，因而所有課程裡，最忙的就是紀錄片了，每週都在跟進度，有開不完的小組會議，隔三岔五就要出機拍攝然後剪輯。

最難忘的是第二天早上老師要講評了，前一天才定好剪輯大綱，不得已我只好把電腦背到教室裡爭分奪秒，在課堂間隙又捧著電腦飛奔到圖書館，挪動鼠標，手指在鍵盤上打得飛快，緊趕慢趕，從圖書館回來以後又坐在書桌前做到凌晨四點，終於完成了剪輯修音和調色。合上電腦的那一刻不知道是因為太過激動，還是真的熬夜熬太晚了，我的心撲通撲通的狂跳，那是我們小組第一個自己企劃、拍攝、剪輯而完成的影片，甚至覺得有點不可

思議。在完成之前，我一度覺得我們做不到，完成不了，但沒想到出來的結果比我最初的預想好了太多太多，慰慈老師的課雖然辛苦，但是萬事開頭難，只要肯去動手嘗試，真的能學到很多東西。

虛驚一場

來台灣以前，一直在擔心會不會遇到地震，果不其然。晚上和同學約了到圖書館自習，剛坐下不久，就覺得腳下好像在晃動，桌上的水杯也隨之搖晃了起來，我心想不好，抬頭看了眼同學，她也十分默契看了看我，隨後我們倆向四處張望，但身邊的台灣同學竟然一動不動，我心亂如麻試探著問同學「怎麼辦，要不要先躲一下」但感覺大家都不為所動的樣子，又不敢輕舉妄動，認命的想「小震不用跑，大震跑不了」由著他晃吧。於是晃了一分鐘多鐘，終於停了下來，我驚魂不定，雖說腳下的晃動停下來了，但大腦一片空白，空氣中天旋地轉，手碰不到岸，甚至有種劫後餘生的感覺，事後台灣同學還笑著說這種事情多來幾次就習慣了，實在是過於嚇人。

本文記載範圍自 2019.09.05 至 2019.12.10，但實際時間大概是 11 月中得知要記錄在《繁星閃爍時》乙書，所以採用的是一邊回憶一邊紀錄的方式寫下這一段在淡水度過的時光。但日子每一天都是精彩的，你永遠也不知道在這裡能遇到什麼樣的驚喜，截止時間太早，很多故事都來不及記錄下來，希望每個人親自體驗一下在這裡的日子。

討人厭的字

賴偉鴻

　　黃昏巴黎的木屋下，福樓拜在給女友的信中寫道：「我拼命工作，天天洗澡，不接待來訪，不看報紙，按時看日出……」

　　我倚在淡江學園的十三樓靠右側的窗口，按時看日落，愛在淡水的日落黃昏時。臨近冬天時分，夕陽更為短暫，彷彿初出閨房的俏姑娘，你越是思念，它便越不讓你瞧見。如果說有什麼時候會讓我放下手頭的事情待坐個數十分鐘的話，便是這淡江畔的斜陽了。偏偏這個時候，我那復古翡翠綠的貓王收音機懂事地切到一首落日飛車，好不融洽！淡水的霞，每晚都不重複，平時裡，層層疊疊的雲連同落日餘輝將天際映得姹紫嫣紅；天氣極好

時，你便能看到紅得過火的赤霞，肉眼可以直視的紅日漸漸被三棟大樓掩蓋，若是在淡水河邊，你便能看它遲遲墜下水平面，綿綿不捨。張露尹說，真叫人感動。

最開始對這篇土地的念想，當然是台灣的音樂。

一個土生土長善於掌握方言和歌曲暗生傲氣的閩南人，從記事起，我便有種對音樂特別的敏感，乃至於媽媽每日哼在口中的閩南語歌曲成了我的啟蒙。第一首接觸的歌定是記不起來，但幾首印象深刻的烙印般難忘。像是卓依婷的〈車站〉，年幼時只道 MV 裡的少女好生俊俏，綠皮火車哐噹哐噹駛去，竟不知這是首悲情歌──火車已經到車站，阮的心情漸漸重。當然，還有很多這樣在現代人看來充斥著南派俗氣的經典，挨個列舉的話怕是整本《繁星閃爍時》都不夠寫。

最愛的有潘越雲最經典的〈純情青春夢〉，這首人人傳唱的歌曲我又一次在十月份的陳昇演唱會上聽到，不過是嘉賓 PiA 吳蓓雅的翻唱；阿杜和江蕙姐的〈夢中的情人〉，何其經典的開頭旋律，一下就回到了十多年前；江蕙姐的〈家後〉不用多說，不通曉閩南語的人們也常唱起；向蕙玲的〈愛甲超過〉、黃乙玲的〈愛到才知痛〉、蔡秋鳳的〈雨水我問你〉、陳雷的〈歡喜就好〉等等都是閩南人在 K 房百唱不厭的經典；另外，傳唱度最高的不得不提葉啟田，《愛拼才會贏》成了閩南人闖蕩四方浪子漂泊的人生聖歌。還有，閩南語歌曲的一大特色便是男女對唱的苦情歌，這在歌詞習慣和情歌唱法中並不多見，一句一式的情歌對

話,加上唱法的綿綿後綴,氣氛更加肅殺悲愴了些,經典莫過龍千玉和袁小迪的〈男人情女人心〉……

兩年前,在許君毅老師的課上認識到可樂瓶事件,我開始接觸台灣民歌運動,便一發不可收拾。尤其是在閱讀了馬世芳先生的三本樂評《昨日書》、《耳朵借我》和《地下鄉愁藍調》之後,追本溯源更順手一些。不得不說,近幾年來的台團對年輕人影響很大,如今我們在昏昏沉沉的夜晚聽落日飛車 I know you know I love you,或者聽著 Deca Joins

在微黃的光影下用石頭幫街上關燈,思索著告五人愛在夏天之後還有沒有秋天和冬天……相比之下,我還是更懷舊。跟著馬世芳的文字,和電台裡他富有磁性的知性中年男子的聲音,我每天都回到過去 次。淡水啊!淡水,聽金門王和李炳輝哼著〈流浪到淡水〉,於是我便真的來了。

淡江大學是令人神往的,大家只知道盧廣仲和桂綸鎂,但我更想提的是李雙澤,雖然桂綸鎂我也很喜歡。在陽光明媚可以看到夕陽的下午,我往往喜歡在牧羊草場的排椅上坐著讀書,後面就是李雙澤紀念碑。這個極富時代色彩的人,在淡大其實不多人知道,老師說的可樂瓶事件,便是由他而起。那年在淡大的舞台上,手握著可樂瓶的他怒斥著在座的各位,「唱我們自己的歌」,甚至連 Bob Dylan 也不要罷了。在寫出了〈美麗島〉、〈少年中國〉後,年紀輕輕天妒英才般因下海救人而死。

與此同時,更多的音樂人開始了華語音樂的序幕,其中許

許多多的歌是耳熟能詳的，只不過更少的人去在乎它的由來。楊弦唱〈鄉愁四韻〉，隔著台灣海峽喊道「給我一瓢長江水！啊！長江水！」，詩人余光中推心置腹的歌詞字字刻在對岸人民的心頭；李泰祥為三毛的詞譜曲，交給年輕的齊豫成就一首流浪的經典；老一輩人開口即唱「走在鄉間的小路上」，是葉佳修給他們童年裡的〈鄉間小路〉做了回憶；王力宏在二十一世紀將他表叔的傳奇作品〈龍的傳人〉再次改寫得以傳唱，人們殊不知這首華人自豪的經典歌曲在戒嚴時期曾經歷多次刪減和禁止的風波；侯德健把兩代人的童年時光都寫進了〈捉泥鰍〉裡，熟悉的旋律上來不免盈珠滿面；許多人聽張懸的〈張三的歌〉，卻不瞭解張懸的恩師李壽全才是將這首歌演繹出了最自由的人；韓寒是個懂觀眾的人，在他的電影裡自己翻唱了劉家昌的〈在雨中〉，這下子該扣住多少人的心門呀；再後來，蘇芮看見了生活，羅大佑看穿

了人性，李宗盛看透了愛情，蔡琴看會了溫柔，黃韻玲看懂了女人，我還沒看完他們。

　　台北不是我的家，台北真的不是我的家。小的時候聽〈童年〉，我以為他是寫給我們小孩子的歌，原來，那是寫給大人們的。越成熟便越嚮往純真。不知不覺，羅大佑已經六十五歲了，那個唱歌時帶著墨鏡微顫著腦袋，看起來和陳昇一樣沒有唱功和男人，所作的音樂最具深度。你不聽崔健不聽羅大佑，就像西方人不聽甲殼蟲不聽地下絲絨，跟不上前衛這輛車。被奉上神壇定是有道理的，從第一張〈之乎者也〉就遭到台灣當局種種阻礙開始，他的音樂註定會激起千層浪。大家都在唱愛愛愛愛愛愛，男人來女人去，幾十年還愛不煩，至今仍沒有超越〈戀曲1980〉，〈鹿港小鎮〉的自嘲自諷直接將現代性罵得狗血淋頭，〈之乎者也〉之後，年輕人扇了自己一巴掌然後一切重新來過。第二張專輯《未來的主人翁》也絲毫不遜，話題關乎兒童、戰爭、環保、自然、還有你。

　　張懸把名字改回安溥前，我沒認真聽她的歌，所以我真正認識她應該是安溥的時候。她從《While My Guitar Gently Weeps》走來，我才發現這個受到 George Harrison 和 Neil Young 至深的女人是台灣的音樂寶藏。在她手上沒有浪費時間空間的歌，只有層次和格局之分。她健談，無論是舞台上的 talking，還是在電台訪談裡的娓娓道來，宛然一副知識份子的樣子。我一直在尋找「文藝青年」的詮釋，結果發現這個詞語的答案就是焦安溥。知識和信念是需要轉化的，她一直在做的就是將青年人該表達的轉化成了符號，寫進歌裡。這都是年輕人渴望得到和想要表達的。某個時候，突然就很難聽到〈玫瑰色的你〉，身為一個創作歌手，作品裡有幾首「禁歌」是值得光榮的事。但是我對一部分人感到氣憤，他們用這首歌作為工具呼籲其他人擺脫過濾的資訊，再一味的認為自己所見即真理，那麼到底來自己本身便是一張色紙。就好像《現象七十二變》，一些人並沒有真正讀懂它就拿來主義拿來標榜，他們本身就是這些變化的現象。我在大陸找張懸的影子，找到了丁薇，前者更富表達力，後者更富藝術性。我們並不擁抱。

　　淡水也有煩人的雨季，一下就是綿綿不斷，這樣子夕陽才不會看膩。

　　還有，他總是寫下討人厭的字。

陌生的台灣

翁楠

　　去往長樂機場的大巴啟動了，而我還是恍惚的狀態，呆呆地坐在大巴最前排想心事，想著昨天與母親吵了一架……粉色的行李箱太少女了，我大男生帶著怪怪的，但家裡就這行李箱最大了，才能帶足夠的衣服。母親生氣說：「你自己裝衣服去台灣吧，看你那藍色小行李箱能裝多少。」我固執地把衣服塞進小行李箱裡，不斷篩選，把大件羽絨服剔除，母親瞪著我「看你冬天穿什麼。」我賭氣走出房間，坐在大廳的沙發上，母親一人在我房間默默地把衣服一件一件裝到大的行李箱去。唉，粉色的又如何，導致我浮躁情緒的是要離開這個家，離開母親遠赴台灣，是

我的不捨，想到要離開我最親的人我就感到悲傷，獨自一人默默地流淚，母親意識不到，畢竟她的心思沒細膩到能察覺到我與她吵架真正的原因。

夜晚，床旁邊擺著已經裝好的粉色行李箱，我又一次翻了一遍房間，找著能在台灣需要用到的東西，但是沒有了，一切的一切都準備好了，除了我這不捨的心。早點睡吧，明天還要早起去學校坐大巴。躺在床上，這是我最後一晚睡在自己的床上了，晚上是那麼的安靜，漸漸我就陷入夢鄉……

比鬧鐘早十幾分鐘醒來，起床洗漱完，母親已經把早餐準備好，我默默地吃著飯，這個早上我幾乎沒和母親說過話。坐上母親的電動車，一路駛往學校。時間是那麼剛好，在我們到達集合的大榕樹下時，同學正有序排著隊上大巴，我在旁邊等著，想跟母親多待一會，母親叫我打通電話給奶奶彙報一下，我點頭撥了電話。同學上去差不多了，我該離開了，離開前我想抱一下母親，然後哭一場，但直到上車我都沒做到，在同學面前哭過於羞恥，在車上保持微笑跟母親擺手，這是我現在能做到的讓她安心的事了，讓她不必擔心遠赴台灣的我。

到了機場，上了飛機，踏上了前往台灣的行程。在上空看著台灣燈光璀璨的街景，似乎與大陸沒什麼不同，下了飛機，已經是晚上八點，和母親報了平安。不一會兒，我們便離開了機場，機場外還下著小雨，冷風簌簌地吹著，腳踩著這陌生的土地，彷彿空氣都有股奇異的味道。

坐著來接我們的大巴，等到了學生宿舍，又是過了兩小時，現在已經是晚上十點多，國印老師有序組織我們，分配各自宿舍的鑰匙，領取被套，剩下就我們自己處理了。

宿舍裡，應該是打掃過了，不過還是有些灰，抹布擦桌子，套被套，放東西，等整理完這些已經是凌晨一點多，這是我來台灣的第一晚，這陌生的地方充滿驚喜，等著我去挖掘，躺在床上，疲憊感席捲而來，很快我就入睡了。

起得晚，洗漱完直接去學校開新生的早會，路上學長帶領我們去學校。會上準備了奶茶和糕點，老師草草地講了一些話便是我們的自由時間。離開學校去吃午飯，在台灣的第一餐不是那麼美味，這家店的配菜和湯不是很合胃口，我與舍友笑著打趣著台灣人不會做菜。下午還有許多事要做，去學校辦理台灣電話卡，去買宿舍的日用品，還有許多要買：路由器、洗衣袋、洗潔精、衣架、臉盆……晚上接上路由器，一切都好起來了，有網路是那麼的美好，不需要翻牆就能看到牆外面的世界。

週一，要開始正式上課了，台灣的老師教課方式和大陸差不多，課上只要不妨礙老師，邊記筆記邊刷刷推特還是可以做到的，老師們的題外話也格外的有趣，講老師自己人生的種種，經歷等等，閱歷看起來比大陸的老師更豐富些。不過看著老師們在黑板上寫的繁體字，筆劃是那麼多，我心想著：台灣學生寫作文肯定很辛苦……

週末閒暇的時光，我們這些赴台的學生可以到處逛逛了，

不過這裡吃飯每頓大約台幣 75 元或更多，換算成人民幣就是 17 塊的樣子，我隱約能估計台灣的物價相對大陸而言肯定挺貴的，還是減少消費為好……這才第一週，我周圍的同學包括舍友就跑相當遠的地方去購物，我則委婉地拒絕他們，待在宿舍玩電腦去了。等他們回來看著手上提著大包小包東西，一個個已經花了幾千台幣我就直冒汗，我算是鐵公雞，很少花錢，這樣大筆大筆的揮霍我可不願意。當然我也不總是窩在宿舍，大陸外能玩到 pokemongo 這遊戲，外面有許多寶可夢可以抓，一段時間我就和朋友出去，我們能在外面抓一整個下午的寶可夢，甚至晚上都十一點了，如果地圖上有稀有寶可夢的蹤跡，我們也會穿上外套出去抓。之前還與舍友去紅毛城，路上順便去吃了聽說周杰倫吃過的套餐，還有杰倫的母校，合個照挺有意思的。紅毛城環境挺好的，綠化很多，草地、大樹，學生可以免票進去參觀，還挺好運的，裡面也有很多有意思的地方，當然我們也有拍照留念。

攝影：吳秋霞

99

　　人是很容易習慣的物種，來台灣久了，哪怕飯菜不和胃口，物價稍比大陸高些，我也適應了。台灣人給我最大的印象是很有禮貌，說話的語調很溫柔，我常能聽到他們說謝謝，那些大人看起來是那麼的和善，一定很經常笑，經常笑對身體好。

　　時間不知不覺到了十月份，課外實踐有幸跟著李其霖老師穿著法軍衣服去淡水老街宣傳紀念清法戰爭的活動，瞭解台灣的歷史，台灣最成功的戰役，我現在還記得口號「一八八四，滬尾之役」。更有幸與市長合照，那天舉辦的遊街活動，市長有來，而我正好站在隊伍最週邊，偏街道中間，市長過來親切地握著我的手說：「辛苦了。」我回道：「哪裡哪裡，不辛苦。」隨後便和

川中島（清流部落）
位於仁愛鄉的互助村內，雖然在日治時期被稱為川中島，但實際上這裡並非是小島，為北港溪、眉原溪與阿比斯溪三條包圍、貫穿的土地，直至國民政府來台灣後才改名為「清流部落」。

攝影：吳秋霞

市長和眾人一起合照。後面的遊街活動也順利的進行著，街邊的路人會拍照，或是跟我們擊掌，也會給我們喊加油，十分的熱情。傍晚，活動結束，還完衣服便和朋友去吃飯，今天辛苦了，得好好吃一頓犒勞一下自己。

川中島午餐

　　十一月份，吳秋霞老師組織帶領我們去南投玩三天，這是我第一次去離宿舍最遠的地方，台中的附近，接近四小時左右的車程，行程很緊，看得出來老師希望我們短短三天能多遊玩一些地方。三天的時光，印象深刻的是最後一天原住民的活動，還有那頓原住民風味自助餐，味道真的不錯，當然，麒麟山莊的早餐也不錯，而且種類更豐富。

　　十二月份，期末作業要陸續繳交了，之後便快到聖誕，然後在台灣跨年。台灣確實很有意思，有很多很多的收穫，能接觸到各種新的花樣，但不是很便利，畢竟我們只是赴台生，一些居民的優惠享受不到，像是台灣相當好用的健保卡。但這不打緊，畢竟我們只在這生活幾個月而已。來台灣這麼久，有想過家，想念母親，也生過病，感到在陌生地方無助的孤獨感，但這些都會過去，成為寶貴的回憶。就寫這麼多吧，夜深了該睡覺了。晚安，台灣。

一天

謝雅思

有一條路，在台灣，對我而言很重要——從淡江學園到學校，我總是背著單肩包，一個人或者和朋友，包裡裝滿了我的期許和收穫。

我每天在那條路上至少來回兩趟，從早晨9點起床，9:45左右洗漱完畢，穿過淡江學園正在等校車的擁擠人群，十字路口的風過於喧囂，站在那裡免不了被吹落帽子、吹亂頭髮、吹翻心情，幸好紅綠燈轉換的快，追逐著風撿完帽子也就綠燈了。再往下走，拐過全家，大叔的店是最常的早餐配備，一個染著紅色頭髮的大叔在檯子前煎著雞蛋培根，看到我時便熱情的開口說道「早上好哦！」我也應他「早上好！要一個碎肉三明治，一杯豆

平常的圖書館六樓外景

102

漿，謝謝！」「好的！馬上就好哦！」一份碎肉三明治台幣 20
元，一杯豆漿 20 元，付好錢，等兩分鐘，我便拿著早餐繼續上
路。台灣的街道，機車真是太吵了！它總是從你身邊呼嘯而過，
酷炫狂拽的引擎聲惹人注目，定睛一看卻只有 40 的碼速。即使
待久了，卻還是沒有習慣這偶爾擊打心臟的轟鳴聲。

到了學校，便開始準備上課，台灣老師總是能帶給人許多驚
喜，文化差異在這裡體現的同時，同一套華人文化的連接卻並不
讓我們彼此顯得疏離。我們經常因為老師突然蹦出來的一句閩南
語哄堂大笑，也因為同樣熟悉的經典劇情有感而發。我們在淡江
大學上的課裡都沒有規定使用書本教材，可是我的影本和筆記本
上仍舊是滿滿的課堂筆記。

下了課，照例我會留在淡江大學的圖書館，邱鴻祥老師曾
經在一次上課時開玩笑和我們說過，「你們去過我們的圖書館了
嗎？那就是個五星級賓館。」是過於貼切的說法了，除了不提供
食宿，在圖書館四樓的一間沙發也算得上是「上等鐘點房」配置
了。更不用說三樓銀白冷光的蘋果 logo 主機「低調奢華」和五樓
佔據了整整半層的觀影室，在「小型私人影院」裡，你可以找
到許多珍貴的電影資源和老 CD，那是個淘寶屋，我每次都能在
裡面停留很久，因為想看的電影太多而不停糾結，而一部電影兩
個小時也是讓人意猶未盡。當然，圖書館最令人咋舌的是藏書量
之大，內容之豐富，以及閱讀空座之多。我在那裡度過每一天最
重要的時間之一，我喜歡六樓靠著淡水河的那一排座位，太陽的
餘暉每日在照耀淡水河畔時也照耀著圖書館六樓的書桌，耳機裡

是不打擾學習的輕音樂，桌上有時也放著順便從六樓書架上拿下來的「閒書」，旁邊偶爾傳來其他同學翻動書頁的聲音，一切都顯得靜謐而美好。

　　當然，大三的時光不總是這樣輕鬆閒適的能夠每天都舒服的坐在座位上欣賞著淡水的夕陽，有時學業繁忙，你只能一個下午都埋頭在課業裡，無心顧及其它風景。是十月的累積下來的好多天，我對未來的規劃產生了顛覆性的茫然，收集到的考研的院校的資訊與預期不符，我可能會面臨原定的兩年內的計畫需要重新推翻規劃的情況。我與父親在考研方向以及未來兩年的規劃上也產生了很大分歧，在與父親一次又一次的爭吵中，我也開始質疑我自己的選擇是不是太孩子氣，太理想化了。一天又一天重複上演的諮詢和電話使得我愈發的煩躁，最後的結果是我再一次掛斷電話，臉色木然的離開宿舍。我選擇不理會自己對朋友的傾訴的欲望，打算一個人好好理清楚近日紛亂的思緒。那天是十月份的晴天，風卻很大，我只穿了一件短袖單衣，一個人遊蕩在學校裡，漫無目的，不知不覺有些累了，我便在圖書館坡下的長椅上和「小女孩」一起坐著，來來往往的人有些抱著書行色匆匆，有些人三五好友嬉笑打鬧不緊不慢向著圖書館走去，我看著他們，想：「他們決定好以後的職業了嗎？想清楚以後想成為的人想過的生活了嘛？已經在為未來而開始努力奔跑的步伐了嗎？是否有人像此刻的我一樣，突然迷茫的不行，看不清自己和遠方，身邊只有一個銅像的小女孩陪著我，而所有因為未來產生的迷茫和恐懼卻還是只能由自己承擔。」

　　我走進圖書館六樓時人很少，那時已經是下午四點多了，我找了個靠窗的位置坐下來，強迫自己把考研書籍打開，手機械的翻動著書頁，腦子裡卻裝不進去一個字，眼前的物件也一點點朦朧起來，眼裡的淚控制不住往下淌，我用手捂著嘴，抬頭想把眼淚憋回去，卻瞥見了窗外已經霞光萬丈，暮色暗淡，殘陽如血，淡水邊上如鑲金邊的落日，此時正圓，光芒四射，刺人眼膜，如夢似幻，好不真實。那光芒其實並不刺眼，柔和的關係絲絲密密從窗戶透進來，讓人有些恍惚。我被這景象震撼住了，姿勢一動不動保持了許久，在那個孤單落寞的傍晚，我突然覺得我的煩惱有些無理取鬧，對於我眼前所見的景象而言。那一刻的我其實什麼也沒想，或者說那一刻的我思考的一切都不再是問題，我的心慢慢平靜下來，把礙眼的專業書拿開，拿出手機，一向沒有拍照習慣的我努力找著角度，把這場陽光的盛大的謝幕存進相冊裡，並設成了電腦壁紙。

那天的夕陽

　　事實上我並沒有因為那張夕陽想通我的問題，我只是突然覺得許多煩惱並無必要，在很多時候只是庸人自擾而已。我對於未來的規劃本身就會被許多客觀因素影響，父親和我的分歧也並不是不可以解決，後來回想起來我那天的語氣滿是質問，電話掛斷的也毫不留情，兩個人一再僵持卻並沒有在討論問題的核心，滿是我對他未經思考的責怪。那一天的糟糕心情在看到夕陽時才恍然大悟，恍然大悟自己的「無事生非」，恍然大悟自己的「沒事找事」。

　　那之後我在圖書館除了最開始的「舒適豪華」之外多了些別的印象，在那裡我總能沉下心來思考更多的事情，我開始習慣待在六樓那個固定的位置，一坐一個下午，其中一兩個小時可能都只是在望著窗外的風景發呆，偶爾動筆打下幾個字的草稿。有時

覺生圖書館—畢業大團拍
攝影：吳秋霞

其實什麼事情都沒有，我也去書架上隨便抽一本合眼緣的書，戴上耳機，偶爾望著窗外的景色，一天很快就過去了。

晚上八、九點，我又要走上那條熟悉的路，燈光依次照亮著前方的路，大叔的早餐店早就打了烊，滷味和炸雞店卻是在這時才是營業的好時機，我偶爾經過也會饞嘴買上一份滷味，回到宿舍就著新出的綜藝開始一天的放鬆。

這是我在台灣無數個平常「一天」，由他們組成了我在台灣的大塊拼圖，我也經常抱怨台灣的機車擾人清夢，食物總是炸物，但暮色四合，已經坐在宿舍享受著滷味時，注意到總是疾馳而去的機車我也會在心裡默默為他們競賽一番。

在台灣的一天過去，便又是新的一天。

書卷廣場（拍照熱門景點）

攝影：吳秋霞

台灣是一塊寶地

陳德順

　　一年前，在一次特殊的機遇下，我參加台灣文創研修之旅，參觀各式各樣的台灣文創園區、研究所，與台灣文化大學的同學一起做了漁船模型，品嚐了海石花做的涼茶。原來文創可以這樣注入鮮活的生命。我也希望第二次的台灣學習中，遇到不一樣的文創。

　　2019 年的 9 月 5 日，我又乘坐廈門航班來到台灣，我充滿著好奇和期待。接下來的一個學期，我的生活會發生什麼變化，號稱寶島的台灣，有沒有特別吸引我的東西，這一切都在我腦海裡等待。

　　剛到的第一天，我才被告知我們的宿舍距離學校幾分鐘的路程，那是在學校外邊的一棟樓，也是附近數一數二高的樓。我被分配到較高的樓層，可以俯瞰樓下的景色，宿舍寬敞明亮，設施齊全，交通方便，保安大叔和藹可親。來台灣的第一天，讓我找到了家的感覺，伴隨著台灣夜晚的美景，我便進入了夢鄉。

　　過了幾天，我們要參加淡江大學的歡迎會，和之前學長說的一樣，學校準備了美味的披薩，共餐對像是淡江大學的老師。那天我心情忐忑，生怕在老師面前說錯了話，但情況和我考慮得截然相反，老師和藹可親，和我們以朋友相稱，會上我問了老師許多問題，有說有笑，這也是我對台灣的老師最初的印象。

　　淡江大學，坐落於淡水和海水的交界處，附近圍繞著各式各樣的古式建築，紅毛城、淡水老街，吃喝玩樂一應俱全，佈局合理，環境優美，和我在大陸逛的許多景點都不太一樣。每個週末，台灣各個地方的人都會來這看日落，夕陽西下，在這一刻動容。淡水河畔，日落美景盡收眼底，每週我都會挑一段時間靜靜的坐在岸邊，看著潮汐飄動，在日落的餘暉下，默默許下願望，慢慢感受在時間長河中的那份悠閒。

　　剛來的時候，我會搭乘運去市中心，一些耳熟能詳的地方，西門町、士林夜市、台北 101 大樓、台北故宮等，對於我這種生性愛玩的人來說，台北簡直是天堂。白天在故宮學習過去的歷史，中午登頂 101 俯瞰台北的繁華，晚上漫步於士林夜市吃著火燒骰子牛，喝著冰鎮甘蔗汁，端著台北滷肉飯，人生圓滿。

　　前期課業壓力小，讓我有時間到台灣各地走走，收回心，來台最重要的任務便是學習，開課幾週，每位老師都讓我驚豔，上課風趣幽默，開玩笑的同時把知識傳給我們，上課時間比福師大稍微延長，但每節課我都覺得時間不夠用，真想趕快到下週繼續老師的傳奇故事，給我影響最深的便是邱鴻祥老師，在實際案例中學習管理知識，讓我瞭解到企業運作和文創運作的方法，這節課是學弟妹強烈推薦的。

　　後來，淡江老師給我們開了選課特權，我們還可以選擇自己喜歡的課程，這一次又讓我感受到淡江大學學術延伸的方向是多麼的廣。我便選擇了其中一門課，叫生死學，也許我們都不知道活著的意義，也害怕死亡，而這門課也會給我們答案。

　　選課的時間持續二週，大家選了很多的課，豐富了我們的生活，但隨之而來的便是時間分配的不夠用，於是我便開始泡在號稱五星級的圖書館。也確實，淡江大學的圖書館是我有生以來見到最好的圖書館，二樓有學生討論區，其他樓層擁有各式各樣的藏書，還有非書資料室等，猶如一個百貨商場，逛都逛不完，遨遊在知識的海洋，讓我感到幸福和滿足。

　　不知不覺便過了一個多月，各科老師也開始彙報期中期末的作業，我們的所有課程需要期中考試的也就兩門課，考試的情況相當輕鬆，但是每門課都重視最後報告的繳交，而這些報告考驗了我們整理和收集資料的能力，時間也越發不夠用，頭腦風暴每天都在進行，不過我也相信努力也有收穫。

　　後來，我負責的一個電子書的製作，於是我便到台灣一個很大的文創園區進行實地調查，松山文創園，這個文創園是號稱台灣文創的先驅之一。因為自身的專業是文化產業，於是特別關注這個文創園區，上午參觀松山文創園，松山文創園是從 1937 年（民國 26 年）日據時期的「台灣總督府專賣局松山菸草工廠」，光復後由公賣局接手更名的「台灣菸酒公賣局松山菸廠」，再到 2001 年由台北市政府指定為第 99 處市定古蹟後所定名的「松山文創園區」。一上午參觀下來，最直觀的感受是場地大，另一區建築富有設計感，在舊菸草廠的廠房裡，有各式各樣的手工藝品，在市區少見，但價格普遍偏貴，且少有人購買。在展廳按月份展示著來自世界各地的表演等。總體參觀下來，感覺文創園做成了會展廳。這倒也沒有什麼不好，文創也需要盈利。但總覺得缺少了靈魂，原本是舊菸草廠，保留著舊式的捲菸技藝，保留著

舊式的捲菸機器,何不讓人們體驗做菸的樂趣,在普及知識的同時宣傳吸菸的危害,讓人們在體驗中學習到領悟到從前沒有體驗過的東西,我覺得這才是文創真正的意義。在此之上,附帶休閒區等現代產業相互融合,讓人們可以玩,可以休息,可以讓這塊區域創造產值,做到名利雙收參觀之後,從此在我內心深處,文創不再是簡單的將文化融入,更重要的是要將人們內心的情感註入生活的點點滴滴,用情感的共鳴去彌補現代人內心的空洞。好的文創不是用各式各樣炫彩的建築面板拼湊的空洞建築,而應該是讓現代人去體驗去發掘其中所蘊含的哲理,這才是真正的文創。

經過一段時間的學習,我對於文創的理解,包含兩個方面,第一個是文化創意,第二個是文化創新。首先要有文化創意,它是以具有想像力與原創性的新點子,新表現形式,新方法或新的

解釋，尋求在原有的想法，規則，樣式或關係中獲得突破的能力。第二步就是文化創新，將這些想法賦予實踐，創造出新的事物。這兩種方式，可以是將舊事物通過再造的方式以一種新的形勢展現在人們眼前，取其精華，去其糟粕，保留其原汁原味的精神內核，也可以是創造出新的文化，讓人們瞭解新文化的趨勢體會其中的特色。但這些都不應該脫離其中獨特的內心想法或文化內核，應該賦予獨特的靈魂，讓人們可以明白其中所表達的道理。

這也是我這幾個月感觸最深的地方，台灣是一塊寶地，當我們慢慢挖掘的時候，會發現很多很有趣的東西，希望學弟妹未來在台過得開心！

十分輕鬆

張鵬

　　淡水到十分，短短的距離卻需要花費不少車程，在昏昏欲睡的車上打了兩個小時的哈欠，終於到了台灣新北的十分老街，這裡最有名的就是老街建築緊鄰鐵道，兩排建築緊緊排列在鐵道邊，是眾多遊客看平溪小火車的優選之地。如果從空中俯瞰十分小鎮，這一景象看的特別清楚，基隆河在老街旁邊流過，周邊都是現代化的交通路網，有一段鐵道邊的建築特別密集，好看的美景皆在基隆河邊。

　　十分小鎮在山谷交通分叉的重要節點上，可能是為防止基隆河洪水高漲，所以附近的建築都在河岸高處，正是因為以前河岸高處少平地，才形成了這一特別的鐵道邊全樓房的景觀。十分車

114

站是平溪鐵路線上最大站，所有往返的火車均在此會車。也正因為「十分」這麼一個完美的名字，十分幸福、十分完美、十分圓滿，這裡也變為一個祈福施放天燈的著名旅遊景點。

這裡的天燈每天都在放，不僅夜裡可以看到，白天也一直在天上可以看到，這裡的天燈和天燈祈福組件，可能是世界上最齊全的地方之一了，天燈的顏色也從單一顏色，變為可選的多色天燈，所以不管是夜裡還是白天，都可以看得非常清楚。這裡不僅可以在現成的天燈上寫祝福語點火升空，還可以親自DIY拼裝製作天燈，天燈文化在這裡非常興盛。

最有特色的景觀是平溪小火車經過的時候，十分車站有火車到站時刻表可以查詢。如果距離車站比較遠，火車到站的時間還可以用台鐵e訂通等台鐵查詢手機軟件查詢，可以知道準點到站還是出現晚點，顯示的到站數據比較準確。如果能算準小火車到站的時間，那麼其實還有一種選擇來看火車，就是離開遊客擁擠的老街軌道兩邊，去十分瀑布景區的橋上去看。在吊橋上，看火車通過基隆河上的四廣潭橋，那裡的環境比老街感覺要更好。

從十分老街出來，往十分瀑布方向前進。老街到十分瀑布步行需要20多分鐘，十分老街到十分瀑布站的公車巴士時間班次可能會較長。徒步往返一般需要1個多小時，前面一大段路都是公路，所以建議還是在老街上租借電動車，騎車幾分鐘就可以到瀑布景區入口，租車價格不是很貴，可以節約很多時間。

附近的基隆河兩岸景色秀美，台灣鐵路支線平溪線從河邊

經過，形成了秀美的景觀和人文組合。在十分瀑布景區的入口位置，有兩條路可以去十分瀑布，一條是經過遊客中心和吊橋到達；另一條是沿著鐵路方向的公路進入，個人還是推薦走遊客中心和吊橋那條路。

　　這個推薦是航拍過的建議，因為這條路線景色更美，可以經過河流的一個超過 90 度的大拐彎。原來十分瀑布會經過私人土地，會有門票，不過目前十分瀑布景區已經收歸公共，所以變成一個免費參觀的景觀公園，沿著基隆河建有綠色步道，是來十分小鎮所不應該錯過的景點。

　　走過遊客中心的半圓形建築，就來到了吊橋，這裡附近有幾處小的跌水，河面也比較廣闊，幾乎都是大石板的熔巖侵蝕地貌，基隆河水質清澈，稍微深一些的地方都是綠幽幽的。

　　附近河谷屬於瀑布溪谷地形，基隆河是台灣北部最大也是最長的一條河流，由於源頭的侵蝕作用與附近切割地形的關系，河流沿途有許多的斷層與奇巖，河水經過這些斷層和奇巖後，流速較快，從而形成了許多瀑布和跌水。

　　從侯硐至三貂嶺，再延伸到十分寮、平溪一帶，形成一連串此起彼落的瀑布群，也造成了這一片區域，成為遊人最為津津樂道的遊覽地方。不過因為大量私有土地的原因，還有公共道路設計安全性的問題，沿著基隆河河邊的道路並不多，很多河流的美景需要徒步或溯溪才能看到，而航拍是一個看到這些美景最佳的方式，平溪地區附近沒有機場和軍事區，目前並不限飛空拍機。

　　在去十分瀑布的路上，會在四廣潭橋附近，看到月桃寮溪匯入基隆河的眼鏡洞瀑布，左右兩只孔洞很像眼鏡。其形成原因是因為月桃寮溪水流速度慢，下切的速度遠不及基隆河，因此產生落差而形成瀑布。又因瀑壁間的岩石較硬，所以河水沖侵蝕了岩壁中間較軟的兩個部分，形成兩個眼鏡洞。

　　台灣鐵路的支線平溪線，在這個河段與美麗溪流並行，火車會通過這裡的四廣潭橋，鐵路橋邊建有遊客所走的觀瀑吊橋，鐵路橋和人行橋是分開的，這一段可觀賞的景色是絕佳的。

　　由於經常有遊客走到鐵道上拍照出現險情，所以鐵道入口有柵欄和告示，禁止遊客入內。遊客可以在隔離柵欄外和觀瀑吊橋上觀看火車過河。在吊橋的橋下觀景台上，可以將火車過橋和眼鏡洞瀑布同框拍攝在一起。通過手機軟件查詢時刻表，可以算準火車的到十分車站或出站的時間，然後稍微提前 4 至 6 分鐘就是火車過橋的時刻，可以算的非常精確，完全不用傻傻的等火車，

三貂嶺

攝影：鄣子宸

平溪火車 （攝影：Natasha Su）

旅行中還是要充分使用現代化資訊數據。

附近河邊建有觀光步道，遊客可以從不同角度賞瀑觀景。一些小徑可以通往山壁、巖洞等深幽處，一般遊客來十分瀑布都會趕時間，所以很少人會去附近的小路去探幽。

目前十分瀑布免收門票，各種圍墻都已經被拆除，完全成為一個公共休憩公園，這裡還保留了一些原來的雕塑和建築，在十分瀑布邊上有美食街和紀念品商店，觀看瀑布的觀景台也有好幾層，只要不是遇到旅行團大巴集中到來的時候，人還不算太多。

十分瀑布的落差高度約20米，寬度約40米，目前是台灣最大的簾幕式瀑布，有些資料上說這個是台灣最大的瀑布，我覺得不一定。

十分瀑布的景色非常美麗，雖然高度落差不是太高，但附近景致青山碧水，是難得的風光名勝。從空中來看，附近除了十分瀑布外，河段還有很多小瀑布和跌水，都隱藏在河流的溝壑之中，從十分瀑布下遊開始，河道驟然收緊，河道中巨大的石塊叢生。

其實台灣目前統計有命名的，共有 269 座超過海拔 3000 米以上高山，是全世界高山密度最高的島嶼之一，所以可能以後隨著台灣高山地區的探索和開發，更多的奇特瀑布會進入人們的視野，我也是滿心期待可以去台灣的高山地區，尋訪從未被人所知的台灣高山瀑布美景。

十分瀑布 （攝影：Natasha Su）

119

合氣道社

肖雅琳

9月6日

　　這是我來到台灣的第二天，經過一夜的大雨，今日的淡水已經是晴空萬裡了，就在這樣一個好天氣裡，我開啟了我與合氣道的邂逅。

　　一開始吸引我注意的是一直以來我都感興趣的劍道以及身著道服手持長弓出場的弓道社。而我也是在閒逛的時候才發現了在角落裡一直很安靜沒什麼人光顧的合氣道社（我去的時候是真的沒什麼人）。攤位很小，不同於劍道社的學長姐全副武裝拿著劍互砍的熱鬧，合氣道社只有兩個人安靜地坐著，我便上前詢

問，接待我的是一位很專業的學姐（後來才知道她就是我們的社長），學姐問我對合氣道社有什麼概念嗎，我說《柯南》裡服部平次的女朋友練的就是合氣道。我看見學姐笑了，但是事實是這就是我對合氣道全部的認知。然後學姐就開始現身說法，講了一些控制關節云云之類的話，我也聽不懂。於是學姐就上手，讓我感受合氣道的毒打，雖然學姐說她會很慢很輕，但是我還是被弄疼了，並且毫無反擊之力，就這樣被學姐揍完之後我便開啟了成為學姐粉頭的道路，啊不是，是合氣道的修行之路。

9月17日

體驗社課的日子真的期待了很久，雖然距納新擺攤已經過去小半個月了，但對合氣道的憧憬和嚮往並沒有被時間沖淡，反而像是饞嘴的小孩終於要品嚐到糖果的心情一樣。第一節社課就完全被震撼到了，身穿道服的學姐簡直就是遠山和葉本人！真的好颯氣！就連被老師摔倒在地也颯氣到不行！老師也超級溫柔的，沒有想像中那種很嚴肅的道場氛圍，真的能感受到大家都玩得很開心，於是在結束體驗社課後，我就下定決心要把我僅有的一年社團時間都交給合氣道社，非常爽快的填了單子、訂了道服並繳交一年的社費（不得不說合氣道社的社費真的好便宜）

社課結束後我留下來參加了迎新茶會，迎新茶會有玩遊戲環節並且勝者可以有機會獲得道服半價券，可惜我什麼都沒有，但也很開心啦。並且知道了汽油沒有 94 的。

9月24日

今天是拿到道服的第一天，腰帶不會綁，真是太令人難過了。學姐教了好多次，然而我還是看不懂，幸而有一眾熱心群眾的幫忙，才把腰帶像海帶一樣綁在了腰上。看著換上道服的自己，總覺得，會有拿到黑帶穿上「hakama」的那天呢！於是我在社課結束後立刻拍了一張照片分享給了我的朋友們。雖然還是一隻白帶菜雞，但是我會努力的！

10月10日

今天是台灣雙十假期的第一天，舍友們都睡到了中午，但我在早上八點就來到了道場，是什麼讓我拋棄美好的被窩走上修行的道路呢？是愛嗎？是責任嗎？不，都不是！是夢想啊！是成為合氣道黑帶的夢想啊！是的！今天就是合氣道社 2019 年最重要的活動之一「金穀師範來台講習會」的日子。能夠見到這種很厲害很厲害的師範使我即使一大早起來也是精神抖擻，我相信其他社員淡定的外表下也有顆激動的心。由於大師等級實在是太高了，雖然我很努力在聽，但還是完全聽不懂他在講什麼呢，好在學長姐讓我們練習儘量找黑帶，我很聽話的不斷找黑帶練習，有幸得到了很好的指導。

中午休息的時段，我和合氣道社的小夥伴們一起去吃肉粽和蛋餅！而這頓飯也正式宣告，我交到了在台灣的第一群朋友啦，其中有兩個人要特別介紹。宥君和思騏。宥君是合氣道練習時最

經常和我一起的人，我們一邊練習一邊聊天，暸解彼此成為朋友。第二個是思騏。思騏是一個很可愛的女孩子，他有大陸的朋友，所以也用微信，並且也加了我的微信，由於我的微信朋友圈過於活躍，我們就在點讚和評論中活絡了起來。感謝騰訊。

10 月 11 日

今天本來沒有社課的，但這卻是一個很重要的日子，我最最最崇拜的學姐要在今天考取初段啦！厲害的人就是很厲害，我一覺醒來就看見群聊裡學長發來前方消息！學姐晉升初段了！這下學姐終於要穿上「hakama」成為真正的遠山和葉啦！實在是太令人期待了。

10 月 29 日

今天是萬聖節前夕也是期中考前夕，學姐在上一個禮拜就說會發歐趴糖，經過詢問才知道原來是 all pass 的意思呀，社課結束後，學姐搬來一個大箱子，裡面是若干牛皮紙袋，用很好看的文創膠帶封口，鼓鼓的一包，看起來很豐盛，對比起其他社團同學拿到的透明袋子裝著並沒有很多的糖，我感到超滿足和超幸福！學姐說歐趴糖裡還有前前前社長專門從日本帶回來的糖果和餅乾，真是令人感動。除此之外學姐也在包裝裡附了一張小卡片，除了表揚我們平常社課認真和讓我們考試加油以外，還叫我們要記得回去上社課！我才不會忘記去上社課呢，我可是巴不得天天有社課的人 。

11月8日

　　期中考前一週的週四，沒有社課，下大雨但老師要和合氣道的社員們吃飯，我興奮超久。前一天的我和思騏已經偷偷聚過了，我們一起去吃了鴉片粉圓，聊了好久的天，特別的開心。但是因為實在是太開心了，我回到宿舍就開始不好好走路，一蹦一跳，然後我就扭到腿了，疼得我大叫起來顧不上旁邊舍友的關心，過了好一陣子才緩過來，然後就發現腳踝完全動不了，而我的第一反應不是發朋友圈而是難過自己聚餐不能去了。確實，事實證明我的反應是對的，扭傷腳不能撐地需要拄拐杖出門的我的確去不了，雖然學姐讓我跟另一位學姐的車一起去，但是想想算了，也沒必要這麼拼啦。期待了好久的聚餐落空了。但也安慰自己說人生就是這麼起起落落。希望我不要缺席聖誕的湯圓聚會。畢竟我可是提前一個多月就準備好禮物了。

11月28日

　　已經扭傷了兩個禮拜的我還沒有痊癒，已經好幾節社課沒有去了，上不了社課便只能寫寫合氣道社的事情來記錄這段在我的灣灣生活不得不提的部分。其實在合氣道社的時間並不長，未來也不會有很長的時間，但是我已經對合氣道社有了很深很深的感情（不要問為什麼，有時候感情就是來得這麼莫名其妙的），我很羨慕思騏和宥君，她們可以繼續在合氣道社學習兩三年，我卻僅有一年的時間。因為合氣道社，我認識了很耀眼很耀眼的學

姐，很可愛很可愛的宥君和思騏，在灣灣有了朋友，對這裡產生了羈絆，我現在一想到將來我們的分別就難過得要死，我不知道將來還有沒有機會來台灣生活，甚至更糟糕的情況是可能我們再也不會見面，可是還是要說就是這麼一段和我以後人生可能一點關係都沒有的社團生活卻讓人很難忘，如果要把人生比作一把沙，那在合氣道社的時間就像是沙中摻雜著的珍珠粉末，稀少但卻閃著金光，往後的日子裡，若要提起它，那吖便是滿目銀河般的燦爛。

125

Life in Taiwan

郭晨晨

作為一個大陸來的學生，對台灣是有很大的期待的，此前對於一些地名早已耳熟能詳，比如台北、墾丁、九份、日月潭，再比如誠品書店、士林夜市、北投溫泉，美麗島最美捷運站等等都是台灣一張張響亮的名片。來到台灣三個月，已經去了不少的景點了，所以我想把我對這幾個地方的感受分享出來。

首先推薦的是北台灣最具特色的淡水老街，淡水老街位於美麗淡水河的河畔邊。老街上數家老字號大小美食，像是阿給、魚丸湯、阿婆鐵蛋、蝦捲、魚酥、酸梅湯、餅鋪，這些商家密集處即是淡水最具盛名的所在。近年來淡水老街更因不少古董店及民藝品店進駐，也營造出民俗色彩與懷舊風味。

淡水老街鄰近淡水捷運站，由於交通方便，因此淡水老街每到假日總是人山人海，有著各式各樣的淡水小吃。最出名的是有一家吃冰的店叫「朝日夫婦」，他家的冰超大份，顏值超高，兩個人吃比較合適。至於味道，因人而異吧，雖然我個人覺得一般，可能是網紅效應誇大了，但是也許其他人覺得好吃也不一定。除了小吃，我喜歡的還是淡水的風景，沿著淡江河畔的小路走著，欣賞到整片的水景，心情真的非常好。到了將近傍晚的時候，會陸續有街頭表演者在唱歌、拉小提琴等，配上淡水景色，美得就像一幅畫。

　　當然除了淡水老街，附近也有很多其他特色景點，比如真理大學、淡水國中、淡江中學等著名的學區。據說淡江中學是周杰倫的母校，他的處女作《不能說的秘密》也是在這裡拍的。還有紅毛城，不但是台灣現存最古老的建築之一，同時也是台灣當局所頒訂的一級古蹟。所以來淡水的話，可以白天去學校和紅毛城這邊參觀，傍晚在淡水河看落日，然後晚上在淡水老街吃飯逛街，可以說是非常完美的一天。

　　然後我想說一下西門町，這是一個非常繁華的地區，這裡交通發達，不僅是大台北公車來往密集的地方，台北捷運藍線和綠線的交會點西門站也於此。同時，西門町是台北著名的流行商圈，最具特色徒步區是台北第一條專為行人設置的區域，紅樓、刺青街、電影街、KTV、萬年大樓、萬國百貨、誠品書店和各式各樣的精品小店都可以在西門町看到，是台北民眾假日最喜愛的去處之一。

　　西門町除了有很多吃的商店，接下來最多就是穿的，服飾店及各種樣式衣服，應有盡有。我還記得我第一次去西門町的那天是中秋節，我和同學吃完火鍋看著天上圓圓的月亮，不禁還有點想家呢！

　　在西門町，幾乎每個週末都有小型演唱會、簽唱會、唱片首賣會登場，各種電影宣傳、街頭表演等等活動也常常可見。西門町還有 20 家以上的電影院，在台北要看首輪電影，西門町幾乎都找得著。西門町所發展出來的流行商圈，自然而然地也帶動了

美食小吃的風潮,當地悠久的歷史和人文發展更讓美食小吃聞名台灣甚至享譽國際,成為台北旅遊朝勝的所在;「老天祿滷味」首推西門町美食代表,是貼文上指定的美味;「阿宗麵線」的味道也是正宗一流,各式各樣的冰涼飲品讓人在夏日解渴透心涼。西門町還有「美觀園」日式料理、「鴨肉扁」台灣小吃、萬年甜不辣以及麻辣火鍋、日式咖哩飯和甜甜圈等連鎖店,是來到西門町不可錯過的美食!

接著我還想介紹一下華山文創園,不是因為有人推薦,僅僅是因為我的課題是寫這個,不過去了之後我才知道其實這個地方沒有想像的那麼枯燥。它的前身為「台北酒廠」,在台北所有的文創園區中,它雖不是面積最大,但卻是發展最早、營運最為成熟,同時也是人氣最旺的一處。也是台灣首個文創園。這個園區在 2007 年正式成為台灣文化創意產業的基地之後,引入了展覽、設計、音樂等元素,轉型為文創園區。不定時更新各種藝術展覽,分佈著眾多展銷創意商品的門市,文藝表演團體也是這裡的常客。除了精緻的文創小店、有趣的塗鴉裝置,園區內還新增了許多美味餐廳和極具特色的濃情懷舊小酒館,儘管經過修整卻還保有倉庫舊建築的特色。我從這個地方所舉辦的活動學到了許多,對於我這個專業還是有一定的可取之處。當然這裡僅限參觀拍照,這裡的文創產品雖然既美觀又創新,但是價格對於我來說有點小貴。

這裡有一家是流行音樂創作大師方文山開的「一家茶屋」,店內裝潢有方文山作的詞,而裡面賣的茶和餐點卻打破傳統茶文

化，使用造型時尚的煮茶器，賣冷泡茶和手搖茶，還提供創意茶料理。據資料顯示，這個 33 平米大的店面，光是賣茶每月就能創造出 40 多萬元新台幣的營業額。而這些創想和店裡使用的有機茶都出自南投名間鄉、製茶廠第三代老闆陳洺浚。他能把同一種茶青靠製茶方式變化出 20 多種風味，讓台灣茶也能泡出花草香、水果香。

　　最後我想要分享一下我超喜歡的一個地方──木柵動物園。我到台灣最不後悔來的地方就是動物園，因為我本人真的喜歡小動物，我最沒想到的是我從中午一直逛到了傍晚閉館，確實比我想像的還要大，園區室外有台灣鄉土動物區、非洲動物區、沙漠動物區、澳洲動物區、水鳥區、亞洲熱帶雨林區、溫帶區等動物區；室內有極地動物館、蝴蝶館、企鵝館、無尾熊館、昆蟲館、水族館等；其中還有難得一見的珍奇異獸，令人大飽眼福。最最幸運的是我看到了大熊貓！這是我第一次正面看到兩隻熊貓，而且是著名的「團團」和牠的女兒。你能想到可以看到這麼多動物的地方，門票居然只要台幣 65 元，是不是超級值得去的地方。而且動物園除了向大家展示各種動物之外，還不忘宣傳瀕危動物的保護教育，給到此參觀的成人和小孩上了一課，這也是我認為不錯的地方。此外，我還去了旁邊的貓空纜車，坐在纜車上，可以從高空俯瞰貓空茶園的景色。

　　以上是我在台灣去過的一些印象深刻地方，我認為這些地方都很值得一去。此外，我還去了其他地方，比如故宮博物院、各地夜市、九份、南投等。我媽媽說：既然好不容易來到了台灣，

就當來旅遊一樣好好欣賞一下台灣的景色。我認為能得到這樣一個好的機會來到台灣，就要好好珍惜在這裡的時光。如果沒有這次機會，或許不會來到美麗的台灣，所以就當自己來旅遊，然後好好享受這裡的生活。當然，對我而言，我最開心的是這裡的人都好愛養狗哦，我基本上每天都可以遇到好多狗狗，我是一個超愛狗的人，所以不管我心情好不好，只要看到狗狗，我就超級激動。感覺自己能來台灣真幸運，也希望能好好享受往後的生活。

雜

張祥尉

2019 年的十月，我迎來了在台灣過的第一個生日。

　　有些幸運，這學期學校在週五正好沒有排課，也就意味著每週的週五都可以自由安排行程了。早上睡了個懶覺放縱一下自己，醒來的時候看了下手機，竟然已經十點了。在床上伸了個懶腰，等大腦清醒一點後從床梯上爬下來，穿好衣服就去洗漱了。一切都很平常，沒有什麼特別的地方，就和已經在台灣過的接近一個月的生活一樣。下樓去便利店買了一點東西當作早餐，在宿舍裡吃著飯糰看手機消息。發現父母發來的生日祝福時才意識到今天特別的地方——原來生日這麼快就到了啊。

因為前一段時間和朋友約好了今天中午一起出門吃飯，所以我吃完早飯就開始聯繫他了。結果我倆忘記了這幾天是雙十假期，人特別多，台灣的大多數店家好像都是要預約的，所以他只預約到了下午三點半的位置。無奈之下也沒有辦法，不能放鴿子，反正早飯吃的也比較晚就索性等到三點半。在等待出發的前一段時間發現自己的頭髮好像有點太長了，就出門去找家理髮店剪頭。但似乎是因為假期的原因，學園樓下的兩家理髮店都排了很多人。順便說一下這裡的理髮店有的也是要預約的，我也是問了好幾家才知道。後來隨便找了一家有空檔的店就去理了，然後就明白空檔是有原因的。理髮的阿伯技術實在不太行，我要求稍微修一下的頭髮被剪短了一大截，心裡面暗暗發誓不再來這一家店了……。

坐捷運到了西門町的一家火鍋店，和朋友會合以後等了幾分鐘才進去，座位依然爆滿，看來節假日出來吃飯的人屬實不少。和朋友吃了一頓還不錯的火鍋，節假日雖然人多不過也有特殊的菜品可以點，牛肉的口感挺好的。唯一美中不足的就是因為前幾天重感冒，雖然今天已經好了很多但是還是沒有嗅覺，所以吃東西都沒有味道，只有口感，實在是令人有些惱火。

吃飯的時候和自己的朋友聊了很多高中的事情，讓我挺感慨的。當時高考完也沒有想到兩個人居然能在兩年後在台灣再次聚頭，這次碰面也讓我懷念起了高中時光。雖然有些事情不太圓滿，也做了一些現在想來不禁發笑的傻事，但那一段歲月真的令人難忘。上了大學以後，我並沒有交到比初中或是高中更多的朋

友。總覺得和身邊的人有些隔閡，接觸的同學並不多，玩得來的就更少了。

　　結束了這頓飯，和朋友在路上散步，聊聊近況。和我另外一個來台灣上學的朋友一樣，他們都有考研的想法。仔細想想大學畢業其實也就是不到兩年後的事了，大三的學生，確實應該也為自己的未來而考慮。閒聊了一段時間，因為朋友要上補習班就先把他送走了。自己一個人走在路上，看著熱鬧的街道，感受擁擠的人潮，有一種難言的情緒。有幾分孤獨，又有幾分滿足。小時候總喜歡往人多的地方走，喜歡熱鬧，但是長大後也明白了人對於獨處的需求。有些體驗，還是得在一個人的時候才能擁有。

接下來說說這段時間對台灣的認識吧。

　　算算時間，來台灣也已經一個多月了，已經有些適應了這裡的環境。單從淡水區來說，這個地區還是與大陸我住的地方有挺多不同的。我在大陸的家位於廈門市，一個被評為文明城市的小城市。但就算是這樣的地方，道路旁也還是設置有垃圾桶的，但是淡水區沒有。剛開始還挺不習慣道路旁沒有垃圾桶，雖然現在也還是不大習慣，不過也已經慢慢能夠接受了。

　　還有一個特別的地方就是這裡的機車了，經常走在路上旁邊就有十幾輛機車騎過去，有時候速度還挺快。但在道路旁停靠的機車看起來還是比較整齊的，在大陸的時候有些電動車經常會亂停放，看起來很亂，有時候還會把一些道路堵住。大陸有一個叫

做共用單車的民生項目，所以道路旁經常可以看到成堆的單車。前兩年剛來福州上學的時候，有一次出去玩，就遇到了單車擺放不規範而導致人行道堵住，人流擁擠的情況。所以我覺得台灣人民在合理停放機車這方面，還是做的挺好的。

在台灣生活的這一小段時間，還是接觸了許多以前未曾體會到的新奇事物。像是隨處可見的 7-11 和全家便利店，不得不說這兒的便利店是真的很方便，裡面可以買到絕大多數日常所需的用品，還有一些在大陸便利店裡比較少見的食品。而且也有些理解為什麼網購在台灣發展的並不算快了，便利店的普及對民眾的日常生活來說實在是太過於方便，發展不起來也是情有可原。

飲食文化應該是每個來台灣的人都會提到的內容，讓人印象最深刻的無非這裡遍佈各條大街小巷的炸雞店，奶茶店以及燒臘店了。我個人比較喜歡的是這裡的炸雞雞，有幾家店的味道確實很棒，是我以前在大陸比較少吃到的。至於奶茶的話倒是沒有什麼特別的地方，燒臘店的話味道還是不錯的，大陸的燒臘店做的好吃的其實挺少，也許是因為價格的原因吧。台灣的一份燒臘套餐大多數都在 90 新台幣，而大陸的燒臘價格換算成台幣大多數都是

70新台幣左右，當然貴一點的也有，但是總和我在這裡吃的比起來感覺少了點味道。

台灣的服務業和大陸比起來似乎更有禮貌一些，不管是去便利店裡買東西時結賬的服務員，還是平常吃飯店裡遇到的員工。不單單只是說一句謝謝而已，有些店老闆會讓你感受到他們的真誠。我來台灣覺得比較驚訝的是這裡的公休，有時候週日或是週一想吃這一家店，卻發現今日公休，那樣心情就會變得有些差。有的店生意很好但他們依然堅持每週的某一天休息，但是在大陸如果餐飲店的生意好基本上是全年無休的，只有春節這種特大節日或者是有什麼重要事情要處理才會停止營業。

台灣與大陸這方面的對比，讓我感受到了一絲人文的氣息。說起來有些奇怪，但確實能讓人體驗到這種感覺。生活需要金錢來維持，但生活不單單只有金錢，人是需要休息的。如果生活的全部意義就是賺錢的話，那人生也太過無趣了。這是我在這裡從這些店主身上得到的一些體會。

三峽老街彩繪

雜思

蔡晨昊

　　台灣，在我的印象中就像是曾經課本中的詩句，充滿了神秘感。感覺這淺淺的、遙不可及的海峽無法跨越，而又如此的血脈相連。在來此前對於一些地名早已耳熟能詳，比如台北、墾丁、九份、日月潭，再比如誠品書店、士林夜市、北投溫泉，高雄的美麗島是最美捷運站等等，都是台灣一張張響亮的名片。

　　我們來到的大學是淡江大學，位於新北市淡水區。既然是過來遊學，那麼最重要的東西自然就是學習了。這裡的學習和我在福建師範大學的生活還是比較不一樣的。福師大的老師都偏向於理論知識的教學，很少結合案例來講，但是台灣的老師卻很少

講理論知識，而是講更多生活中的例子，甚至講著講著就說到了別的事情，這樣也讓無聊枯燥的課堂多了一絲有趣。淡江的老師非常溫暖友好，對學生態度很和善，相當平等，而且不會太強制要求你的成績，也不會強制學生的自由，對課堂的要求很低（雖然不知道這樣是好是壞），他們更加重視學生創新思維的培養。而大部分的期中、期末作業也是通過小組合作和報告的形式來呈現，這樣能幫助我們在實踐中完成對知識的鞏固。而除了教學課之外，不同的課上老師都會請不同方面的專家學者來給同學們進行演講，讓同學們接受來自前輩們的經驗實踐，無疑是一種很好的學習方法，比起課堂上的必修知識，這樣的方法肯定更有趣味，更能吸引同學們的注意，也更容易讓同學們有所收穫。

我有些驚奇的一點就是大家對社團的態度，入社團要交一筆不小的社費，但是感覺台灣的社團是很認真的在做活動，這也是我比較遺憾的一點，因為沒有找到興趣相符的社團，所以我沒有

參加社團，感覺錯過了認識更多台灣小夥伴的機會，每天只是宿舍與學校兩點線的話不太能體會到在當地的大學社團文化。

我們的宿舍座落在中山北路一段，這裡離學校大約有十幾分鐘的路程。宿舍附近路上的許多店面看起來都略顯老舊，但是應有盡有，能夠滿足生活的大部分需求，便利店也設立的十分頻繁。這裡的道路不是以馬路為主，所以反而摩托車更合適這裡的環境，可以很方便的到達一些汽車不好通過的路。有的道路甚至沒有人行道，就走在馬路上，汽車和摩托車就這麼從身邊呼嘯而過。宿舍的附近就是淡水有名的淡水老街，是離我最近的景點，和廈門的中山路有點像，我也已經去過無數次，每次都能從中發現一些讓我驚喜的東西。

　　淡水老街是台北充滿了濃厚歷史的一個區域，復古的建築，各種店鋪的招牌錯落有致，在行色匆匆的行人和悠閒晃蕩的遊客中間靜止不動，有種台灣老電影的韻味。淡水老街位於淡水河的邊上，十分靠近渡輪碼頭。整條街新舊結合的十分融洽，有清統時代和日據時代所遺留下來的建築。在老街上很多商鋪都是非常知名的老店，比如阿婆鐵蛋（滷鵪鶉蛋）、淡水阿給、魚丸（魚丸是淡水最有名的海產小吃）、魚酥。除了吃，這裡還有不少寺廟，比如文昌祠、龍山寺……等，穿梭在老街之中不經意間會看到他們。現在臨街多開起了古董文物、木雕、淡水特色小吃或是紀念品的小店鋪，還有一些文創類型的商品店鋪，也有歲數較少的稍微大型一點的建築，如優衣庫、H&M 等國際知名品牌的商店，然而他們並不相互衝突，反而顯得十分和諧，是有東西逛的。從淡水老街的出口和碼頭交界處可以坐船去漁人碼頭，有很多人排隊。淡水碼頭看日落，挑個好的日子去淡水比較重要。黃昏時分，滄海、落日及漸老紅樓將交映成的絕美氣氛，風景令人叫絕，可以欣賞到難得的「日落黃昏，滄海浴日」的極佳景色。早已在歷史中凝結成淡水小鎮難以抹滅的印記。

　　台灣是一個懂禮貌的地方。在這裡聽到的最多的詞就是「謝謝」：買完東西會雙方都會道謝；下車會對司機說謝謝（前門也可以下車）；甚至別人幫完你的忙會先和你說謝謝。除此之外，當我們走進店鋪時，他們會說「你好」；當我們焦急等候時，他們會說「對不起」。這些詞語彷彿不只是禮貌用語，而是成為了一種禮貌的習慣，也正是這樣才讓台灣充滿了更多的人情味，人

與人之間的關係更加的緊密。這裡的人們也是十分遵守秩序的，在等電梯，等公車，買東西時，都會自覺的排成一長條隊伍，很少能看到插隊或者不排隊的情況，不管是本地人還是外來人，都默默的受到這樣的秩序的影響，已經成為了生活中的一件理所當然的事情。對秩序的維護也影響著他們的生活，所以這裡的生活也是井井有條的。這樣的井然有序也讓生活中減少了很多衝突，更能有效的完成自己需要做的事情。

對於台灣的生活，一開始確實是不太適應的。但是慢慢的我已經對這個小城市有了一些熟悉以及喜歡。一開始連吃飯都不知道該去哪裡吃，現在已經確定下幾家喜歡的小店，找到了一個固定的理髮師（我對剪頭髮要求比較多），從一開始拿著手機地圖無頭蒼蠅般的尋找的，到現在已經能夠自如的在學校以及附近一些區域走動。和一些大城市不同，淡水這個小地方的生活是緩

慢而悠閒的，看到最多的場景就是老人或者一些中年人慢悠悠的牽著自己的狗行走著，還有旅客欣賞風景的漫步，甚至連上課都不需要太著急（因為遲到已經被這裡的老師習以為常），我們的課餘時間也偏多，可以有更多的時間讓我們處理學業作業，做自己喜歡的事或是出門旅遊而我也適應了這樣的生活節奏。學習之外，讓生活慢一點沒什麼不好的，可以放鬆自己，可以慢下腳步看到更多的風景。

這一個學期來說，我覺得在台灣過的還是相當自在的，但是不得不感歎時間過得真快，彷彿前一天才是初到台灣時的興奮，一眨眼就過了一個學期，這其中的經歷確實數不勝數。希望在接下來的一個學期，我可以在保證學業的同時，去到台灣更多的地方欣賞台灣的美景，讓自己一年的台灣之行不留遺憾。

攝影：吳秋霞

北岸瑣事

吳詩潔

漁人碼頭景觀照

　　轉眼到台灣生活已過了兩月餘，從新鮮感到不適應到適應，這個過程看起來要比常說的一月適應法來的更長一些。在台灣的生活裡，見到了許多在過往二十年中見不到的事物和風貌，但是這個過程裡因為與以往生活方式有所不同，因此對這片土地是用一種摸索嘗試的方法來領略它的美的。因此，這篇文，主要是就了自己到台灣後適應的一個過程，希望能對讀者有所幫助。

食

在台灣的生活裡，飲食習慣有偏離自己的預期，台灣比較偏向混合型的飲食方式，所謂混合型，其實是有各國的飲食習慣互相融合在一起，形成的一種與大陸飲食習慣的對比，這與我當時想像中的「閩南風」顯然不太一致。食物都是偏甜口，但是論種類又比較多西式和日式的餐點，比如早餐是吃早午餐，漢堡、麵包、吐司，但配合的飲品一般都是奶茶、紅茶、可樂，比較不好找到豆漿和麵點，而午餐大多都是燒臘便當或者炸物便當，再不然就是因此往往正餐不知道該吃除了便當和牛肉麵之外，還能選擇什麼其他中式的餐點。

除了正餐以外，台灣的小吃還是足以令人讚不絕口的，就說是來到了小吃的天堂也不為過。炸雞、酥排骨、奶茶、滷味、糖水都是讓人每天念念的存在，想吃這些小吃，只要到夜市或者老街就能很輕易找到這些小吃的身影。因為台灣是環海而立，而我又剛好身處在台灣島的西北端，海產就不得不可謂一個「鮮」！吃海鮮，可以到幾個比較有名氣的漁港，在漁港的海鮮，不僅新鮮價格也比較易於接受。

說起在大陸遍地開花，幾步一家的川味火鍋，在台灣似乎是比較難找到的，台灣比較常見的是一人小火鍋，像日式的壽喜燒也是比較容易看到的，比較清淡的鍋底涮上新鮮的食物，這種舌尖體驗更像是尋找食物的本味，而在大陸常吃的麻辣牛油火鍋更是一種舌尖衝擊性的刺激感受。在經歷一番精心摸索比較後，期

中考後，我第一次在台灣吃到的辣味火鍋──馬辣，這是辣味自助火鍋，店裡採用的是食物全自助無限量，但限定個人用餐時長兩小時的一種營業形式，對於胃口好的學生黨還是很友好的。馬辣鍋底比較多，也有我夢寐以求的麻辣牛油鍋，但是遺憾的是麻辣牛油鍋並沒有達到我的心裡預期，吃到後期，火鍋表面的紅油隨著涮的食物被帶走後，鍋底變得沒有辣油的香辣口味，顯得鍋底有些用料不足的感覺。

之後，我在對食物不斷摸索不斷受挫後，我逐漸摸索到了在一處口味差異較大的地區的生存之道，這也是生存技能的必修課──做飯。從鍋碗瓢盆的購置，再到不同賣場比對食材售價的高低，慢慢找到了在哪裡買菜才是最為省時省力的。不得不說的

野柳地質公園景觀照

是，經過對食物的比價，慢慢發現了台灣的物價高並不是指某些方面，而是方方面面！從食物原料的價格比對一份便當的價格，就不難發現，原材料的價格高，用人成本高，因此第二級產品價格必然也是較高的。但不論怎麼說，自己動手做飯除了花時間一些，沒有什麼不好的了，想吃什麼就可以自己動手做，也不用擔心用料不安全和衛生問題，總體上也比在外面吃更省錢一些。

遊

以淡水捷運站為起點，可以有許多條探索有趣好玩的路徑。淡水捷運站，將紅線「淡水—信義」線與多條路徑的公交和旅遊專線連結起來，這樣大大方便了人民的出遊計畫。

來淡水，怎麼可以不來漁人碼頭看看呢？記得那天是在下午四點接近太陽落山之際去的漁人碼頭。在淡水老街等待著太陽逐弱它的殺傷力，然後在它逐漸西斜開始有落日徵兆的時候，到碼頭買好票，排隊上船。當船行駛在廣闊海面上，迎著夕陽駛向漁人碼頭，這時候，晚風襲來，混雜著輪船快速行駛時捲起的水霧一起撲向面頰，清新的海風混雜著海水的腥味也會順勢捲進鼻腔，不同於正午的燥熱，這時的風夾水霧反而會讓人感到涼爽。約莫十五分鐘就到了漁人碼頭，這時候，太陽已經幾乎完全落下去了只剩下光量還在海面上不肯消散。傍晚的漁人碼頭泊滿了船隻，站在橋上往四處看去，毫無遮攔一覽無餘，螢螢燈火在海面上閃耀，行人零零散散在步道上走著，微風徐來，歲月靜好。

　　十一月中旬的週末，天氣晴好，便約了同學從淡水捷運站出發，沿著海岸線一直往北去到到「野柳地質公園」。我們搭乘的是北海岸專線，直線到達「野柳地質公園」後，買票進入公園（學生票半價），只花了 40 元台幣。進入園區後，就沒有可以購買所需品的商店了，因此需要的物資要在進入園區前先行買好。地質公園以侵蝕地貌景觀而聞名，很多國小會組織同學到地質公園進行實地學習，同時也吸引了眾多外國遊客，記得那天在那邊的遊玩體驗就是被韓國旅遊團給包圍了。

　　從野柳地址公園往回一路玩回頭，路過了適合衝浪的中角，來到了石門洞，石門洞也是侵蝕地貌景觀，自然形成一個拱形石門。但是在石門洞最令我歡喜的不是石門洞景觀，反而是石門洞的這片海。從石門洞下走過，就可以下到這片海岸，對比野柳地質公園，石門洞的海岸更多黑黑的礁石，因為沒有專人管理，因此沒有設置紅線區域禁止遊客靠近，因此自己可以在海邊盡情玩耍。令人驚歎的是，這片看似「沙灘」湊近一看實則是一片「貝殼灘」，海浪捲起貝殼往岸上拍打，把各種貝類打的零零碎碎，在經年的海浪沖刷下，貝殼上的紋理逐漸被磨平，棱角也不再明顯。我和朋友趴在貝殼灘上細細挑選小貝殼，看著大小不一磨損程度也不一的貝殼突然有了一個充滿哲理性的思考：細小的貝殼紋理保留的較好，而大片的貝殼多半都是貝類的殘片，光滑且不完整，甚至有一些玻璃碎片用手握起來也不硌人，反而十分光滑平整。這個現象不由地引發我的聯想：大浪淘沙，不顯眼的細小砂礫反而不易被海浪侵蝕，而引人注目的大貝殼大玻璃瓶，自身

重，慣性大，反倒容易被海浪擊碎，大塊的貝殼碰撞上堅硬的礁石或是在浪花的摩擦下逐漸破碎，逐漸被磨平自己的鋒芒，而小沙小石小貝殼反而因為自己渺小不易被擊敗，或許這也是一種渺小的偉大呀！

在台灣的日子，寧靜、美好，任何對於塵世不美好的感傷、對於生活的困頓、對未來的迷惘，都能在台灣沉浸山水間釋懷，很多。壓力大的時候，心情不美好的時候去夜市裡吃吃逛逛也都能得到慰藉。世界之大，廣而浩瀚，很多美好的事物值得我們去感受，在台灣的生活還在繼續，對於美好的記錄也不能停下，在北岸的一年時光裡，我也會慢慢體會到「瑣事」的美好。

遠看似白沙，近看竟是貝殼沙岸

時光剪影

徐芬

華山文創園區

對於大三要在台灣待一年這件事，其實我從大一就有開始期待了，因為我以前就有想過要到台灣玩，看過不少關於台灣的美食推薦，轉發了不少攻略，而等到了真的到台灣以後，又是不一樣的體驗。

先說說關於吃的，台灣的飲食是偏甜的，很多東西都帶了甜味，這個是我一直吃不慣的一個點，我是喜歡吃鹹的，還有一點是台灣人似乎不愛吃辣，我愛吃辣的舍友不止一次吐槽過，點了最辣還是覺得不辣，就連不怎麼能吃辣的我點了辣味的也沒有覺

得辣,以及這裡真的沒有辣條,有同學吐槽說下學期來的時候要帶點調味料,再帶幾包辣條,哈哈哈哈。

這裡的餐飲店很多都是什麼炸雞啊、燒臘啊、火鍋啊,日料啊、普通的餐食就是便當類的,可以選三個素菜搭配一個主食。還是非常想念大陸的美食的。如果要在週末吃烤肉火鍋這種的,一定要提早打電話去定位置,如果要吃的時候才去可能會沒有位置。之前中秋的時候和同學們出去玩,打算去吃烤肉,結果跑了好多家店都是位置被預定了。

還有說到台灣一定會想起的夜市,去過了最近的士林夜市,人真的很多,士林夜市不只有吃的,還有賣衣服以及一些其他的用品。還去了寧夏夜市,寧夏夜市比較小,開在街道中間,都是吃的,寧夏夜市有一點我們很喜歡,就是那裡都可以用支付寶支付。每次在去夜市之前我都信誓旦旦我一定能吃好多種,等真的到了以後發現高估自己了,吃了一樣之後就發現肚子已經有點飽了,吃了兩樣以後基本上就能飽了,感覺應該人多一點一起去,這樣買一份大家一起吃,就可以一個人吃很多種了。

接下來說說出去玩的經歷,我是比較宅的,不太喜歡到處跑,不過也有和同學們一起出去玩的時候。

雙十節那天我們去了台北故宮,因為是節假日的緣故,再加上當天是免費開放的,參觀的人非常多,還有遇到不少韓國和日本的旅遊團。台北故宮一共有三層,每層分了許多隔間,分別展覽不同的物品。在那裡,我們見到了許多古物,有玉器、銅器、

瓷器、字畫等，在感嘆古物的精美和古人的智慧中，一個下午很快就過去了。我們在那看了一下午，然而到要閉館不得不走的時候都還沒有逛完全部。

雙十節的第二天，我們去了基隆。最先去十分，那裡一整條街都是關於放天燈的，我們八個人買了一個八色的天燈，一個人選一個顏色，寫下各自的願望，可惜當時是大白天，如果是晚上放飛應該更有感覺。中途還有火車經過，我在火車要經過時才後知後覺的意識到原來我們是在火車軌道上放天燈，近距離感受火車經過的感覺還是蠻新奇的。

離開十分後我們去了海邊，去象鼻岩。到了之後又被驚訝到，以前也不是沒見過海，但這麼藍的海還是第一次見到，過去見到的海都是有點綠綠的，難得見到這麼藍的海。那天天氣很好，那時候是下午四點左右，陽光照在身上並不會感覺熱，我們興奮之餘，拍了不少照片，不需要加濾鏡，拍出來的每一張都十分好看。我把圖發給了朋友，朋友看了後也覺得很好看，像加了濾鏡似的。

那天的最後一個行程是去九份，路上我們堵了好久的車，最後乾脆下車自己走上去。到了後發現有的店面已經打烊了或者準備要打烊了，但其實那會兒才七點多。那裡的人也是非常的多，有的東西看起來就很好吃，但是要排很長的隊，饑腸轆轆的我們並不想等，就繼續往前覓食。最後以我們隨便吃了點東西墊墊肚子結束一天的旅程，回到淡水後再吃晚飯。在這次出遊後，我們

意識到了不應該在節假日出行，計畫是趕不上變化的，不過這一天還是玩得蠻愉快的，拍照的時候笑容都是發自內心的開心而不是職業假笑。

為了完成某一門課的課程作業，我還和同一組的組員去了華山文創園區，這是台灣比較有名的文創園區之一，那裡不只有販賣文創產品的店面，還會舉辦不同主題的展覽，還提供了休閒娛樂的場所，還有在街頭表演的藝人，圍觀群眾都十分捧場，給人一種富有生活氣息的感受。

第二次去華山文創園區的時候，一出捷運站就看到了浩浩蕩蕩的人群，懵逼了好一會兒後發現到我們正巧遇上了同志遊行，仔細觀察人群可以看到也有非同志參加了遊行，與他們一起戴著彩虹絲帶，揮舞著彩虹旗。會遇到這個挺意外的，我以為這是在英美國家才會出現的場景，看著他們經過的隊伍，默默在心中祝他們幸福。

最近的一次出行就是三天的戶外教學了。第一天主要的行程是去了日月潭及周邊景點，最後回到麒麟山莊。第一天的晚餐是烤肉，這個烤肉不是我們原先設想的那種烤肉，而是真的自己起火燒炭的那種烤肉，我們那桌由於一開始加了太多炭，火一直躥躥往上竄，

李其霖老師為同學升火

攝影：吳秋霞

麒麟山莊烤肉趴

攝影：吳秋霞

烤的東西很快就烤焦了，我們不得不拿了個杯子專門用來裝水灑水，等我們漸入佳境後別桌都已經吃得歡了。第一次體驗這種原生態烤肉還是挺新奇的，不過其實我吃得最多的是土司。到最後分房的時候還有一些東西沒有烤，但大家都看起來迫不及待地想去休息了。我們住的是類似小別墅的那種獨立一棟房子，有點小失望的是那個床很矮，就是一個床墊放地上，不太習慣這種。路上大家還在討論說晚上要打牌，要玩遊戲，結果不約而同的洗洗睡了，這一天真的挺累的，認床的我也很快就入睡了。

第二天印象比較深刻的是廣興紙廠，在那裡親眼見到了造紙的過程，還動手體驗了拓印的小遊戲。最後一天去了川中島，是原住民的部落，聽部落的人講述莫那魯道抗戰的故事，還教我們唱他們歌跳他們舞。最喜歡的還

是體驗獵狩活動，自己動手射箭，雖然都沒有射到靶子，但還是很開心。

淡水的天氣有點捉摸不透，氣溫其實不低，但是就是會覺得很冷，因為風非常大。我一開始還覺得奇怪，平時他們不遮陽就算了，怎麼連下雨天都不打傘？後來我就明白了，風太大了，一個不小心傘就會被吹翻，經常要擔心傘會不會被吹壞，後來乾脆如果下小雨的時候有風就直接不撐傘了。

最後說點關於學校的，我們的課程需要考試的課程不多，大多都是要在期中和期末交報告，有的課程是要做一本書、拍一個故事、出去採訪，這些都是和在福師大的時候不一樣的，偏向實踐性的，這也就導致了快到期末的時候大家都在趕作業，天天對著電腦敲鍵盤。我們必修的課是台灣的同學可以選修的課，因此我們的課上也有很多台灣同學。學校的社團也很有意思，每週都要去上課學習，真的能學到東西。

在台灣生活了幾個月後，開始比較適應這裡的生活了，雖然有時還是會吐槽幾句，不過不像剛來時覺得一切都是那麼的奇怪，希望接下來的事情都能順利完成，順順利利地度過這一年。

南投三日遊

賴炎彤

　　期中考週結束後，緊接著南投三日遊的校外教學。算是來台灣後第一次去比較遠的地方，坐車就要五、六個鐘頭，所以備好暈車藥就上路啦。

第一天

　　昏睡了半天，到達吃飯的地方，吃完飯去旁邊的牛耳石雕公園走走，發現有小攤販販售雕石和彩繪石，有的是古怪形象，有的事扁平狀的彩繪魚石，很多種形狀堆成一地。

　　然後又上車參訪了兩個茶廊，最後到了日月潭，印象最深的是…茶廊的某個不知名甜點超級好吃！日月潭邊一家奶茶超級好喝茶味濃郁還有厚重奶味。烤 麻糬也超級好吃！然後就來到住的地方啦，晚餐是烤肉，和想像中的習慣性的大陸燒烤很是不同，大陸燒烤通常是一個長方形架起來的燒烤架，台灣

烤肉只有一個小圓形的烤爐，還要用它來餵飽一桌子人，加上都是沒有經驗的女孩子，所以……燒烤得有一點點艱難。不過，起碼還是感受到一次台灣的烤肉啦！然後就是回去洗洗睡啦。

第二天

　　早上 6：45 起床洗漱，來到餐廳吃自助早餐，很好吃而且吃得很飽！然後吃暈車藥繼續上路啦～第一站到達了清境步道，感受一下大自然呼吸新鮮空氣。第二站到了莫那魯道抗戰紀念園區，聽老師講述霧社事件，為隔天的清流部落參訪先作了一點學習。然後到了元首館吃午飯，順便買了大黑松小倆口的牛軋糖，感覺很可以而且很大一包。元首館像一個比較有文創的地方，感覺就是專門讓人來拍照打卡的，裝飾有一些是調侃元首的，也有一些是可愛風的。第三站到了廣興紙寮，在這裡瞭解了古法紙的製作過程，也親身嘗試了拓印，我一直被這裡的貼的春聯吸引，上面有的寫「乖乖」、「福旺康泰」有一些上面還有繪畫。下午三四點的陽光透過屋頂漏光下來照射在春聯上感覺很好看，我也拿相機記錄了下來，但是跑了展售中心也沒有看到販賣春聯，有點可惜。第四站

廣興紙寮─拓印 DIY（攝影：吳秋霞）

來到埔裡觀光酒廠，但其實只參觀了一個歷史文化館，瞭解了一下酒文化沒有親眼看到酒的製作過程。比較印象深刻的是，一樓的各種酒味的美食，雞蛋糕竟然可以都有酒味的，但是吃下去又很好吃一點都不嗆鼻，還有紹興酒蛋也很好吃，裡面有點流心的感覺～吃完晚飯就回山莊啦，然後和同一棟樓的同學們一起玩了uno 然後收拾行李，因為第三天就要回去啦。

第三天

第三天我們只有一個參訪清流部落的行程，也就是賽德克族現在居住的地方。第一次來到這種民族部落，真真切切感受到了賽德克族人的熱情與好客，還有他們講述霧社事件時的感受……。先是聽導覽大叔簡單介紹部落，然後聽團媽講述霧社事件，還教我們唱歌，然後到餘生紀念館，在這裡有很多霧社事件留下的痕跡……很悲壯，但又深深佩服他們的「不恨」……。

然後我們就開始了狩獵文化活動，就是拉弓射箭啦，然後回文化廣場吃午飯，很難得是一路上走的田間小路，滿滿是小時候的回憶。午飯是自助餐，團媽他們準備的超級豐盛，都很好吃，大家吃得很飽，還沒吃完但是團媽又很貼心準備塑膠袋讓大家可以打包回去，深深感受到賽德克族的熱情好客和親切，最後懷著愉悅的心情踏上返程路……。

上圖：清流部落的藍天白雲與稻田，賽德克族農耕生活。（攝影：吳秋霞）
右下：狩獵文化活動之一的射箭體驗（攝影：吳秋霞）
左下：蛋寶不老村

Formosa

凌欣潔

日月潭—湖光景色
攝影：田金益

平常的大學生活似乎就是日復一日在宿舍的宅生活。為了打破這種常規，我們早早定好了計畫。既然來了台灣，就一定要出去走走了。台灣的捷運比福建發展的早，沒坐夠福建的地鐵，在台灣終於體驗得很經常了。

常常下雨的淡水終於天晴，像是在歡迎我們的出遊活動，隨著我們一行人集合完畢，開始踏上了出發的步伐。公車、捷運、客車的轉換花去了大部分時間，也因此得以休息整裝再出發。伴隨著好心情，我們來到了第一站蘭陽博物館。

160

事先做過攻略的我們看見的蘭陽博物館沒有其他人圖片那樣的藍天白雲映襯，只剩下孤零零的藍天，雖然有過些許失望，但景色還是美不勝收。大家依然爭相拍照，留下自己最美的瞬間。當然我們也留下了自己最美好的回憶，在嬉笑和互動中結束了我們第一站。

問過博物館工作人員，在他們的熱情介紹下，我們搭上小黃找尋了吃午飯的地方，並且去找尋租電動車的地方去我們的第二站，外澳海灘。飯飽之後，因為一些原因我們無法租借電動車，只好改主意搭公車前往。所幸我們與目的地的距離並不遠，不受路途的顛簸便到達外澳海灘，放眼望去這裡一片海景美不勝收，雖然我們本是海邊的城市長大的孩子，每次看見大海還會被它的景色震撼到，那是一種大自然對心靈的震撼。

在沙灘旁邊的咖啡店裝修風格特別好看，來來往往的人們都紛紛駐足拍照打卡，我們自然也不能漏了這一環節，想好造型，輪番上去拍照。到了要一起拍照時，隨機招了一名路人，很巧的是他是個外國人，我們用著所學的英語，請他幫忙拍了幾張照片，拍完之後道謝，我們都是笑臉面對，畢竟人好景色也美麗，怎麼會不讓人開心呢。在台灣遇見外國人，和外國人用英語交流似乎是很經常的事情，大家都友好的同處於一片天空之下，各自忙著各自的事情。

我們原本的計畫是去滑翔傘基地體驗滑翔，一路望去都沒見到滑翔傘的蹤影，我心想不會今天沒有開放吧，於是和同伴討論

起來，但只是以為今天人比較少，或者是剛剛好回去了，沒想到到了目的地時，問了教練說因為當天有颱風影響又錯失機會。雖然心裡還在念叨著無緣滑翔傘，但沿路走來我們看見許多租借衝浪板的小店，於是改變主意決定去衝浪。路邊的店家都很熱情，在隨意選了一家店後，租好了衝浪板和其餘一些裝備，我們又一次昂起鬥志，出發去衝浪。衝浪的教練是個健談的人，和我們的談話過程沖淡了我們對衝浪的一些恐懼。雖然我之前就會游泳，但外澳海灘的浪加上颱風的影響確實給我們帶來了一些的恐懼。在教學之後我們就下海實踐了，浪的不穩定確實是很難把握站起來的時機，加上還是有些恐懼，我就只能簡簡單單的划水，同伴勇氣可嘉，成功站了起來。在衝浪中我們經歷了摔倒，相撞，但我們依然開心。

蘭陽博物館

在衝浪這個活動的體力消耗之後，店家提供了沖澡的服務，在一輪排隊後我打開水龍頭，冷水又一次把疲憊的我驚醒，涼，真的涼，出門在外沒有那麼多講究之道，將身上泥沙沖洗乾淨之後，便換好衣服，我們又踏上尋找晚餐之路。

來之前就做好了攻略的我們朝著礁溪前進，天黑路遠，又不太熟悉路，又走錯了地方，在一番尋找之後，路過了一間音樂餐吧，這裡的樂隊演出吸引了我們，但因為趕時間，我們不得不繼續腳下的步伐。

這裡的轉運站和之前都不一樣，是一種很原始的建築，也沒有護欄和門的保護，上車刷卡全靠自覺，當其他列車在等車的我們面前飛速行駛過去。我們都在那一刻感覺到了自己的渺小，感覺只要一不小心就會被飛速的列車吸進去，終於在那一刻明白，高中物理老師在課堂上講到不要靠近黃線的意義。在長時間的等待過程中，我們一次又一次的查著列車時間，不曾想列車沒有按時到達，焦急之下詢問身邊的人，可是似乎周圍都是前來遊玩的旅客，也不知道列車何時會到達，甚至不知道該乘坐哪個方向的列車，這附近也沒有見到工作人員，我們只能繼續漫長的等待。終於遇見一個瞭解我們目的地該坐哪個方向的本地人，告訴我們下一趟就可以上車，一番感謝之後，我們上了車，坐下重新休息整頓。

終於找到目的地—甕窯雞，當一整隻雞展現在我們面前時，大家紛紛表示出興奮吃到一半才被身後電視講解如何吃給吸引

住目光，幾個人都專心的盯著電視，才明白應該如何撕開，才會保證原汁原味的吃下去最美味的雞。

白斬雞仔雞

店裡面循環著熟悉的歌曲，又是圓桌的樣式，給我們營造了一種團圓之感，食物也是有著別樣的家鄉味道，喚起了我們的思鄉之情。因為大家還聚在一起，倒也不至於太過獨自憂傷。時間也在我們的聊天聲音中一點一滴的劃過，我們到了離開時才發現，因為雙十節的原因取消了最近的班車站點。身處於這個站點苦等的我們又一次被環境震懾到了，黑暗襲來，以及冷冽的海風似乎吹進了我們每個人的心裡，就連幾輛車開過我們都會心一緊，更何況人生地不熟，早就沒了早上那般熱度的天氣，還放出一些陰森氣氛來。

東張西望的我們發現對面的店鋪還亮著燈在營業，便一起過街去詢問，店家的熱情感染了我們每一個人，因為時間太晚，又是處在大家都不熟悉的地方，我們的心自然而然又緊繃了起來，但店家熱心的暫時收留了無處等待的我們，並且幫助我們打了班車的電話，約好了下一班的班車，我們終於順利提早到達了捷運站，成功趕上末班捷運回到淡水。早已沒了公車回到宿舍，走在路上，雖然天色晚，但是我們熟悉的地方，我們終於不再揪心，但依然加快腳步，走向宿舍。與此同時，相冊裡面還有許許多多我們還未來得及欣賞完畢的照片，但疲憊又一次襲來，簡單洗漱過後，我們終於安心的步入夢鄉。

　　這次的出遊雖然沒有實現計畫中的一部分，但我們仍然收穫了美好的回憶，都說計畫趕不上變化，所以我相信事在人為，轉換一個視角我們還是收穫了無數經歷，也學會了許多之前所不瞭解的東西，比如衝浪，我相信我還會重新去一次的，也會成功站起來的。

　　台灣，這座被譽為「寶島」的地方，是一顆無比璀璨的明珠。她有著迷人的自然風景、悠久的歷史文化和絢麗多姿的人文景觀。這份日記只是記載了台灣的冰山一角，但的的確確拓展我對台灣不一樣的認識，也謝謝自己和同伴能夠一起踏上這片陌生地方，去瞭解不同於大陸的風土人情，這裡有溫暖，也有陌生，雖然在這生活一年，卻在心裡要把它當成我們第二個家，這也是這次我所能體會到的。

　　下一站，我們也會繼續在路上的，也期待未來我們能更加瞭解不一樣的台灣。

淡江大學城—倖宗日本料理

攝影：吳秋霞

花開四季‧一期一會

王逸欣

秋天北海岸芒草

「不要問我從哪裡來，我的故鄉在遠方，為什麼流浪，流浪遠方，流浪，還有還有，為了夢中的橄欖樹橄欖樹」這首歌曲是一部上個世紀的台灣電影的主題曲，歌曲的名字叫〈橄欖樹〉。我從小就聽著父母不經意地哼唱這首歌，一直只覺得旋律好聽，但直到長大後才知道〈橄欖樹〉原來是一首台灣民歌。

我對於台灣的認識並不是來源於歷史書，也不是來源於新聞，而是來自於 一首首廣為傳唱的台灣歌曲和一部部台灣偶像劇。因此，在年少的我的認知中，台灣是一個浪漫多情的地方。因學習的緣故來到台灣，但也不能錯過探尋台灣美景的機會。

　　剛來到台灣的時候是秋天，學校裡正盛開著滿樹的羊蹄甲，紅色綠色交雜滿樹。宿舍和學校的路途中有不少低矮房屋構成的城中小巷，由於近十年來福州的城市化發展太快，這在福州城區是不多見的一景。每個屋子的門口都掛著些盛開著紫色小花的綠植，雖然連花的名字都叫不出，但是時常會在放學的路上為它駐足。

　　十一月的台灣北海岸，是芒草飛絮漫天的季節，不用去遊客人滿為患的陽明山或是芝山，坐公車沿著淡水以北的台灣北海岸線，來到台灣北極點的富貴角燈塔，一大片野地芒草成群，甚至比我高出不少，與天相接，有一種純淨而又野生的美感。電影《太平輪 彼岸》的主題曲〈秋之芒草〉這樣寫道「你是不能不飄蕩的風，我是芒草走不動；來時低頭傾倒你懷中，過後仰首望長空。」芒草總帶給我一種溫柔而又堅韌的感覺。順著被兩側芒草簇擁著的小路，可以走到海邊，老梅沙灘的海浪很長，海水泛著幽深的藍色一波又一波有節奏地衝撞出一道道白線。繼續走下去，撥開芒草，入眼的就是台灣北極點的標誌，一座黑白相間的燈塔，我們走到燈塔時是下午四點半，正值 11 月的日落時間，太陽在天邊，已經可以隱隱約約看到橘紅的輪廓。可能是工作日的緣故，燈塔附近除了我們之外空無一人，寂靜到可以聽到蟲鳴鳥叫和海風呼嘯。坐在芒草叢間傾聽到天地之間的聲音，感受落日餘暉，潮起潮落⋯⋯

　　台灣被海包圍著，中間卻聳立著高山。比起感歎沿岸大自然的鬼斧神工，我更好奇台灣人在崇山丘陵上建設村莊小鎮的技

術和臨山而居的生活情趣。每次捷運上坐在窗邊看著一座有一座山上的建築群落，交錯縱橫，編製成為台灣獨特的鄉土社會。走過之後才知道山上的村落之間有樓梯也有坡道，走著比看著還要陡。

海多碼頭自然也多，台北的大稻埕碼頭是我心中最具時代印記的一個。大稻埕是台北歷史繼艋舺之後，最為繁華的地方，是日治時期的台北商貿中心，更是人文薈萃之地。如今，大稻埕已退下歷史舞台，但是卻留下了許多昔日無限風光的見證，也是很多台北人最懷念的「老地方」。不論時間變化，大稻埕碼頭安靜地矗立在河邊，看著城市的興衰沉浮。現在，這裡擁有許多百年歷史的老字型大小商店，如旗魚米粉湯、永樂米苔等等古早味十足的小吃店鋪，還有一些歷史痕跡猶在的門面；「迪化街」和一年一度的年貨大街，是大稻埕現在的標誌。

冬天的台北陰雨天很多，好不容易放晴後大家都湧上街頭，我就是在這樣一個晴天來到了大稻埕碼頭和迪化街。迪化街的建築和店鋪招牌留有上個世紀的繁華，熱鬧中又帶著些頹敗，牆壁上已有不少煙熏火燎後的痕跡，但是也有新鮮的氣息。夜晚的迪化街燈火通明，花生、瓜子、糖果、糕餅擺在店鋪門口，堆成小山，才入冬就已有過年的氛圍。

順天外科醫院
在日治時期，為「順天外科醫院」，在 20 多年前停業之後，最近整修且保留外牆的醫院字樣，以「保安捌肆 BOAN 84」經營咖啡廳，重現當代風華。

（攝影：吳秋霞）

而漁人碼頭則是最具有浪漫氣
質的碼頭，一座情人橋連接著漁人
碼頭長堤和岸邊廣場，漁人碼頭位
於淡水河的入海口，走上情人橋時
海風大得彷彿要把我吹走，走到漁
人碼頭的長堤後可以有最開闊的角
度看到鹹蛋黃似的太陽。漁人碼頭
邊停泊的渡輪和漁船為它增添了一

台灣最美的書—好樣本事

道不一樣的風采，讓漁人碼頭這個在現在已成為著名景點的地
方，多了一份碼頭應有的歸屬感。

　　相比於大稻埕碼頭的歷史沉澱，台北的忠孝路和敦化路就多
了很多現代的氣息，小巷交錯的社區周圍被高樓大廈所掩蓋著，
每條巷子中間走進去可能就會發現幾家別有味道的咖啡館或精
品店。有次路過一家不見招牌的店鋪，卻被它的紅門綠植吸引，
有一探究竟的念頭。走進去後才知道原來是家書店，台灣的書
店很多，不僅是盛名在外的誠品，還有很多出於店主的愛好才開
設的私人小書店，台灣閒適自在的氣質可能就是在眾多書店中養
成的，每次去書店，不論是工作日還是節假日，台灣的書店顧客
總不會少。這些私人小店在是書店的同時還展覽售賣一些古著。
來之前就聽說台灣的古著店很多，這讓對於舊物收藏很感興趣的
我來說無疑是開心的。不僅是古著店，台灣的影像帶租賃行對於
我來說更是一種新鮮而又神奇的存在，錄影帶租賃對於我們這一
世代的人是陌生的，不要說是錄影帶，就連播放錄影帶的 DVD

台灣街頭的扭蛋店

上圖：燒王船祭典
下圖：尚和歌仔戲劇團 25 周年原創大戲
　　　「紅塵觀音 - 夜琴郎」

攝影：劉婉君

都已經漸漸淡出了大部分的家庭。因此，在看到淡水街邊隨處可見的錄影帶出租店時，有種時光倒流的錯覺。

　　扭蛋店不論在何時都能夠吸引我的目光，手辦文化在大陸是很流行的，但是扭蛋卻是極其少見。走在台灣，書店裡，商場裡，便利店門前，總能看到這樣的奇妙機器。來到台灣不過兩個月我就已經收穫了二十多枚戰果，大的小的，黃的綠的，形狀顏色各異。扭出來什麼固然重要，但更令我激動手癢的是塞完硬幣後轉動扭把的那一刻的感覺，不知道結果的興奮好奇。每次路過 SEVEN 門口總是忍不住要去看看門口的扭蛋機，挑選下有沒有自己中意的那款。台北車站的台北地下城對我來說是一個很好逛的地

方，扭蛋店一家接著一家，換幣機嘩啦掉出一堆的硬幣，扭蛋機咯噔滾出一個圓圓的球，這時彷彿被棉花糖塞滿的幸福感油然而生。

這座小島有一種慵懶的氣質，它絕不缺少現代化的產業和生活方式，但是卻有著濃厚的鄉土色彩，人人都有著宗教信仰，寺廟媽祖像隨處可見。每逢農曆九月九日，淡水油車口忠義宮蘇府王爺廟都會舉行燒王船祭典。歌仔戲在台上演出酬神的戲碼，廟前聚集拿著香火的民眾，時辰一到，所有人前往河邊燒王船，祈求王船將沿路的邪靈惡煞一併送走。岸邊燃起高高的火焰，居民們懷著感激和誠懇的心情祈福。

轉眼之間，來到台灣已經整整三個月了，剛來台灣的那段日子的確很難熬，飲食口味不同，消費方式不同，各種不方便。恨不得一覺醒來，我就已經踏上了回程的飛機。但在日復一日的生活中，就漸漸適應了這種節奏，發現了這種「不方便」的美。沒辦法躺在床上點到任何你想出的外賣，才能夠有動力下樓溜達，走街串巷，費盡心思地尋找宿舍周圍的美食。沒辦法隨時隨地使用手機掃碼支付，才能夠有足夠的理由取錢的時候順便逛逛便利店，才能有理由買新錢包。沒辦法喝飲料隨時獲得一次性吸管，沒辦法在需要扔垃圾的時候馬上找到垃圾桶，才能夠在無意間又朝環保邁進了一步。在台灣的我，儘管是作為一個過客，卻還是在這個地方感受到了溫暖。這種溫暖，來自每次去店裡老闆自然的一句問好和謝謝，來自老師準時送達的生日祝福和上課時的玩笑。

好多好多的喜歡可否相抵思家

盛尹桑

　　不知覺來台已經快三個月了，在大家都瘋狂想念福師大的福鼎肉片、江西小炒、蒸蒸日上等外賣群之時，我只覺得這裡的大多數店都超好吃，大概是因為我不怎麼吃辣還喜歡吃甜食吧哈哈哈，喜歡這裡滿街的早午餐店裡品種豐富的各類吃食，喜歡這裡不論大街小巷隨處可見的麵店餃子館和台式自助餐，喜歡這裡不論進哪一家店都超級熱情的老闆與老闆娘，喜歡這裡課堂上輕鬆歡快的氛圍以及老師與學生間朋友般的相處，喜歡這裡的社團和社課，還喜歡淡水老街以及這裡的每一條大街小巷……

　　算是第一次離開家這麼久的時間，對於這裡的一切似乎也沒什麼不適應的，平時也沒怎麼想家，只是會在特別想要和父母分

享某件事或心情時恨不得能瞬移到家跟他們面對面地聊。此外，在這兩天突然莫名地得了從未得過的急性腸胃炎，突然就想：要是在家就好了。

一天天的日子似乎平淡且相似。平日裡每天想著課後要去吃啥，大家考慮的總是哪家才不踩雷感覺學校周圍都沒啥好吃的，而我儘管覺得也沒有特別踩雷的但會想再吃一次的店也就為數不多那幾家，而作為一個嚐鮮愛好者，總想著去嚐試些沒吃過的店（因為至少看起來感覺多數店似乎都還行）。這裡的麵館、餃子館、火鍋店、西餐店、早午餐店、手搖飲店、台式自助餐以及各類專注做某一樣吃食的店都特別多。雖然不太挑食，大多也都是我愛吃的，就連路邊推車裡賣的雞蛋糕和車輪餅都是我的愛，還可以時不時上四樓的廚房自己煮個青菜麵或者烤兩片吐司夾cheese 再倒杯奶配著喝，但偶爾翻相冊時翻到當時在家父母煮的好吃美味又健康的各式菜品，還是會想念家裡的飯菜。

平日晚上是幾乎雷打不動的社課時間，星期一、三、五的劍道和星期二、四的弓道輪番上陣，也不知道當時怎麼就頭腦發熱地帶（跟）著舍友報了這倆社課都在同一場地的社團。劍道和弓道雖然都來自於日本，實則相差甚遠，個人感覺簡直是一武一文。以至於除了複習週和考試週或者有什麼別的事情，每晚不到九點半、十點，宿舍幾乎只剩一兩人……

對於「武力值滿滿」的劍道，大概從一開始的喜歡，到中間出現了一小段微小的倦怠期，再到現在的「欲罷不能」──從開始

173

可以穿上道服戴上 men、kote、do 並真實開打，也隨著我們穿道服戴護具的速度逐漸加快，對劍道的愛也與日俱增。

而對於「溫文爾雅」的弓道來說，現在似乎正處於一小段的倦怠期，從膠條的射法八節到木弓的射法八節，接下來即將考木弓的術科（實作）以及學科（射法八節的漢字書寫＋拼音），大概等考過可以真正拿實弓上場行射的時候才會更加喜愛吧。

當然中間還伴隨著我們選擇的專業實習課和選修課的紀錄片小組不時的出機。以前很羨慕那些扛著一大堆器材的「專業人士」，感覺他們好酷好厲害。當自己也真實「成為」其中一分子時才覺得——他們確實是很厲害，但往往也非常辛苦！作為我們組唯一一位「外行人」，很感謝他們能帶著很多都不會的我，

耐心教我並給我機會讓我去拍去嘗試，也很感謝我們組在「大淡水」選中的和藹可親、幽默風趣的杜老師。即使以後不從事這一行，我相信這也將是很棒很難忘的體驗與回憶。

特別喜歡台灣的一個原因是這裡大多數人都把貓貓、狗狗當成小孩子來對待，街上經常看到的嬰兒手推車裡大多都是貓、狗甚至兔子，而我

又超級喜歡這些貓貓狗狗，所以直到現在依舊每每看到可愛的貓貓狗狗就忍不住想拍它們——淡水河旁那隻氣場十足彷彿睥睨世間萬物的緬因，時常在樓下85出現超愛青蛙趴的柴柴，捷運站附近帥氣有氣質不耐於被繩子牽絆的豹貓，樓下一家小機車店裡會想要跟人握手的秋田，在全家碰到的一隻瘋狂往我腿上撲的卷毛比熊，在捷運站看到的兩隻毛茸茸的大白熊，以及路上遇到的一個年輕媽媽一手牽著小女孩一手牽著兩隻阿拉斯加，還有某次碰到的超投緣的與它拍了好多合照的馬爾濟斯……以及各個店舖或街上遇到的或可愛或肥美或許只有一面之緣的貓貓狗狗們——都是在我的手機相冊裡出現甚至重複出現的身影。這裡不論是乖巧黏人還是帥氣逼人的貓兒、喜歡青蛙趴還是龐大呆萌的狗兒，都讓我抵抗不了！

人情味兒也是我覺得台灣最有特色的一點——幾乎隨便進一家店，都可以感受到滿滿的熱情。每當我們的父母輩或爺爺奶奶輩的問起我們來自哪兒，得知來自福建時都感覺我們十分親近，常常說「哎呀我們就來自福建xx阿」或者「欸我丈夫就從福建來的呢」，於是就開始了一段又一段的對話……有過與舍友一起在樓下和一位推車賣饅頭包子的阿姨在雨天中聊了半個小時，還有過一個人初次進樓下那家13元麵包店，過了半小時才出來……

還有台灣真的比之前想像的更加開放和包容，比如對於LGBTQ群體，比如對於身體或者其他方面有所缺陷的人：多數衛生間都會有「性別友善廁所」以及「無障礙廁所」，幾乎所有有階梯的地方以及建築物裡都會有無障礙通道等。而且這裡的衛

生間基本都備有捲紙和洗手液，來這裡後還沒多久就已經被「慣」成出門不帶紙巾和從廁所出來幾乎必用洗手液洗手的「壞」習慣了。

關於淡水的天氣，之前還真覺得不錯——風兒總是呼呼地吹著，毛毛細雨星星點點，即使忘了帶傘也不怕，因為完全可以不用撐傘……也不會像福州那麼濕悶。但當經歷了前幾天淡水真正的雨天，我想收回之前妄自得出的結論了。

這裡的扭蛋也是每次出門讓我停下腳步的主要原因之一，才來這裡三個月就已經將近 20 個扭蛋了（還是在有所控制的情況下），品種豐富且製作精美的它們以及扭出來的瞬間，簡直帶來無比的快樂，雖然現在收集的大多還都是「貓狗」們，但已經打算朝「食物」方向進軍了！

還很喜歡這裡的藝術氛圍，是一種寬鬆自由、支持鼓勵的感覺。時常會獨自或跟室友朋友一起去看各類演出與活動，看光點華山影館的「國際女性影展」，去每年都有的「Simple Urban」（簡單生活音樂節）現場「蹦迪」，到兩廳院看舞台劇（首映版）以及舞蹈，還有即將到來的聖誕校園演唱節以及國家音樂廳的演奏會等等。這裡有特別多值得一看的演出或活動，而且有學生證還可以以蠻大的折扣買到票，而有的活動甚至所有免費都可以進場呢。

　　喜歡和同學室友們一起出門玩兒，包車到九份，去西門町逛街，甚至每週二或週三的下午課後到圖書館五樓放映廳一起看一部電影，也是我們的愉快時光。

　　時常也喜歡一個人走在校園中，感受著形態各異的同學（有時還有老師）或步履匆匆或不疾不徐地從身旁走過；喜歡週一的早上，帶上昨晚買好的早餐，並去樓下 85 買杯熱美式，坐上學生專車，獨自前往學校旁聽喜歡的課；也喜歡一個人去圖書館，在二樓的報刊區，三樓的學習共用區或電腦前，六樓或七樓的獨立小桌子⋯⋯或晴空萬裡或陰雨綿綿，或豔陽高照或夕陽西下，都會成為我坐上圖書館電梯時按 9 樓的原因，而後淡水河、觀音山等就在不同的天氣和天色中不斷出現在我的手機相冊中。

　　似乎有時也不知道在做些什麼，好像時間就這麼匆匆而過，轉眼間三個多月就這麼過去了，希望我的回憶和相冊中出現更多有意義的人事物，也願來台的這為數不多的幾個月中充滿值得回憶的每一幕。

177

兩廳院

台灣生活的日常記錄

楊婷

當我離開熟悉的校園，去到一個新的環境求學，便開始了自己適應新生活的過程。學期已過半，從一開始帶著淡淡的對陌生環境不安和好奇，到現在站在這片土地時彷彿融為一體的熟悉，我學習了，也成長了。

2019 年 9 月 5 日晴

九月的福州，還處於盛夏時節。停在福師大門口榕樹下的大巴車發出咴咴的聲音，彷彿快要被熾熱陽光烤的受不了了。終於，大家都到齊了，一個個魚貫而入車廂內，紛紛落座，車裡冷氣散去了滿頭的汗珠。我選擇坐在後車廂靠窗的位置，同學們嘰嘰喳喳的各種抱怨天氣太熱的、討論即將到來的台灣生活等等，車廂內洋溢著青春活躍的氣息。

經過兩個小時的車程，一行人到達福州長樂機場。班上的同學排著長長的隊伍，等著托運行李，但總有人不小心把充電寶或者帶著電池的物品塞到行李箱裡，然後去開箱處把東西拿出來。雖然有小風波，但好在有驚無險，大家和輔導員揮別後，進入候機廳。

18：33，距離我們從學校離開已經四個小時，而飛機終於在那一刻飛上雲霄，飛向海峽的對岸。對於第二次坐飛機的我來說，看著厚厚的潔白雲層在眼前的樣子，不由發出感嘆：雲朵像實物般真實存在，好像能摸得到一樣。一個小時後，飛機飛到了台灣的上空，大家都趴在窗邊向下俯瞰，發出驚嘆聲：「哇！到台灣了，好美啊！」

下了飛機，跟著負責接機的淡大學長，坐上了開往宿舍的大巴車。儘管經過了六七個小時的奔波，但剛剛抵達一個陌生且美麗的地方，腦海裡的興奮與好奇驅散著疲憊。先觀察了車內的裝潢，居然裝飾了五顏六色的車燈，還配備話筒和音響設備，在車內也能 K 歌。

細雨綿綿，夜幕籠罩下的台灣彷彿蒙上一層神秘的面紗，讓人有探知的欲望。望著窗外的一切一切都是那麼新奇，雨中的路牌和店鋪的招牌，還有數量龐大的機車。印象中小時候看的台灣偶像劇，那種帶著機車帽的男主角都很帥！現在竟然隨處可見，戴上機車帽人人都可以是男主角。車在等紅燈的時候停了下來，剛好有一對情侶坐在機車上，黑色頭盔的男生載著戴粉色機車帽的女孩，那一瞬間感覺自己在看甜甜的偶像片。從此，我也有了一個機車夢。

終於到了淡江學園，將行李放在宿舍後，我和三個室友就迫不及待地去超市購物了，除了採購一些日用品，還買了很多台灣小吃。由於時間很晚了，很多飯店都關門了，我們就去 24 小時營

179

業的7-11便利店買晚餐。冰櫥裡擺放著琳琅滿目的美食，有各個國家如日本、印尼、泰國等的特色食物，還有熱騰騰的茶葉蛋、關東煮、紅薯。我選了一份日式的照燒雞炒飯加一個茶葉蛋，好吃到味蕾感到前所未有的滿足。7-11的店員小姊姊很有禮貌，服務周到。吃飽喝足的我們，踏著小碎步在淡水的小巷裡悠閒的逛著，回到宿舍已經過了午夜十二點，簡單洗漱後，將學園備好的被子和床墊鋪好，躺在舒適的床上，上下眼皮開始打架，最後上眼皮贏了下眼皮，把下眼皮狠狠壓制住。我也終於結束了這疲於奔波但充滿驚喜的一天。

2019 年 9 月 6 日晴

早上被窗外的機車聲音叫醒，今天淡江的老師會帶我們參觀淡江大學。我和室友便不再賴床，爬起來洗漱了。沿著大忠街走大概十幾分鐘就到了淡江大學，開學季正是各大社團招新的好時機，設了很多社團招新點，路邊有人負責發放廣告。我接到一張宣傳單，上面都是社團自己繪製的創意圖案，學生們充滿了青春活力，像東邊正緩緩升起的旭日一般，照耀著整個學校。

我們參觀的第一個地方是覺生紀念圖書館，有句話叫做「要想瞭解一個學校就去它的圖書館」。覺生紀念圖書館共有九層，從外面看低調內斂，裡面輝煌而豐富。圖書館的工作人員為我們介紹每一層具體包含的內容，首先在第一層瞭解了淡江大學的校史，二層設有電腦區，可以查 資料。五層可以免費借電影並觀影，六、七層是中文書庫，八、九層是西文書庫，藏書量多且

廣。在電梯上可以看到遠處的山霧繚繞的觀音山，還有緩緩流動的淡水河，山河呼應，我將美景盡收眼底。

參觀結束後，我和室友去了「學生街」吃午飯。我們去的是一家拉麵館，我點了豚骨叉燒面，湯汁香醇濃厚，不管是豚骨還是叉燒肉的分量很足，我心裡暗暗發誓下次一定還來這裡吃。午飯有了著落，我和室友們就開始討論著晚飯吃什麼了。

我們回到學校繼續參加下午的陸生交流會，聽完了　印老師的叮囑，就可以回宿舍了。路上路過一家五十嵐奶茶店，我和室友們蠢蠢欲動，最終還是走了進去，一人捧著一杯五十嵐出來，吸一口奶茶，臉上全是幸福滿足的表情。

今天完成的事：第一次參觀淡江大學，第一次喝五十嵐。

2019 年 9 月 9 日晴

在淡水聽過這樣一句話，「漁人碼頭夕陽美，淡水老街吃阿給」。在古色古香的宮燈教授上完邱老師的課後，我和一個室友約好一起去看令人嚮往的漁人碼頭夕陽。

遺憾的是當我們趕到漁人碼頭的時候，太陽已經完全下山了，只剩夕陽餘輝。對於我這種在內陸長大的孩子，一年沒有幾次見到大海的機會，所以對大海有一種特殊的情結。當我看到夕陽餘輝染紅了半片天空，紅霞又染紅了遠處的雲彩，海面波光粼粼，與天空交相輝映，不時有幾隻鳥飛過，形成「落霞與孤鶩齊

飛，秋水共長天一色」的絕美景象時，心裡感嘆：好美！即使沒有看到夕陽，也被漁人碼頭的美景所震撼到。

我和室友不停的拍照，要將那美景放進手機裡永遠的收藏起來。餘輝漸漸淡去，碼頭船隻的燈和岸邊的路燈一盞接一盞的亮起來，伴隨著街頭藝人的歌聲——「我來到你的城市，走過你來時的路……」，我們沉醉在美景裡無法自拔。

天漸漸黑了，我和室友去買了阿給當晚餐吃。又買了霜淇淋、奶茶，還逛了淡水老街裡面的伴手禮店，買了些小飾品當作紀念。

淡水處處是寶　啊！

2019 年 11 月 22 日晴

今天是校外教學的第一天，吳老師和李老師帶我們去考察了牛耳石雕公園、紅茶坊還有著名的日月潭。這次的課外教學是我期待已久的，區別於傳統室內教學模式，更注重帶學生開闊眼界，實地觀察。

起了個大早，趕到集合地點，坐上大巴車向目的地出發。經過四個多小時車程，終於到了第一站，牛耳石雕公園，在那裡吃了一頓豐盛的午飯，並參觀了公園裡的心願牌、大鐵 等，公園裡樹木戊盛，陽光斑駁的灑在腳下的石子路，形成別樣的景致。

日月潭是我此行最喜歡的一個地方。我們到達那裡的時候，

有位街頭表演者正在表演吹泡泡，可以吹出很大且不同形狀的泡泡。一群人看的有滋有味，時不時有小孩子用手去觸碰泡泡，在碰到的一瞬間泡泡破了，便嬉笑著散去。多麼美好的一幕！

我依稀記得小時候學過的一篇關於日月潭的課文，裡面部分內容是這樣描寫日月潭的：「日月潭很深，湖水碧綠。湖中央有個美麗的小島，叫光華島……. 清晨，湖面上漂著薄薄的霧。天邊的晨星和山上的點點燈光，隱隱約約地倒映在湖水中……」文中描繪的日月潭很美，於是，我從小便記得並嚮往，想不到十幾年後竟然來到了一直存在我夢中的地方。看著眼前景象與記憶中的描述一點點重合，湖水碧綠，太陽高照時，整個日月潭的美景和周圍的建築都清晰的展現在眼前，美不勝收。

真是不虛此行！

未完待續……

攝影：吳秋霞

慢下來

陳淑豔

清境農場

　　我喜歡稱淡水是「小鎮」，它不像台北繁華，沒有高樓林立，從淡江學園的頂樓眺望，可以看到淡水河緩緩流淌，映著對岸的觀音山，這裡的生活平淡如水，但也有別樣的精彩。

　　來台灣的第一杯奶茶，Coco 茉香奶茶加珍珠去冰微糖，原以為會是熟悉的「師大味道」，但好像沒有那麼好喝。這裡可真甜啊。微糖很甜，重辣不辣，這是我對台灣口味的印象。

　　按台灣中秋節的習慣本是要吃烤肉的，我們一群人在西門町遊蕩了幾個小時，所有的烤肉店都是無座狀態，最後決定去吃馬

辣火鍋。一半麻辣，一半清湯。我們一群人大多好吃辣，第一筷裹著芝麻辣油的牛肉入口，我們就洩了氣，哪是麻辣鍋，更準確地說這是紅油涮肉。「還是海底撈好吃吼！」沒有辣味的台灣味讓我心裡愈發想家。泡椒田雞、麻辣火鍋、江西小炒、東北菜館、西安小吃……甚至麥當勞的香芋派都成了我日思夜想的美味。

台灣是個包容度很高的地方，各種文化在這裡都是被尊重的，各國的菜系在這裡也都能被找到，甚至街頭的西餐廳、日本料理之類都比中餐來得多。就拿早餐來說吧，「麥味登」之類的西式早午餐隨處可見，卻很少看到傳統的豆漿油條燒賣之類。我的傳統中式口味甚至讓我時常想念友緣便利店的煎包，還有福師大食堂要夠早才能買到的燒賣。偶然在北新路發現一家傳統中式早餐店，水煎包是一絕，雖然與家鄉的口味還是有些差異，但能在這裡吃到這樣的美味就足夠滿足了。

但現在細細一想，什麼不對口味，不過都只是想家了。

淳手作的紅豆湯，阿樂的鹽酥雞，7-11 的關東煮，哪樣不好吃呢，但我還是跟大多數同學一樣，吃著這些美食，卻喊著想念福師大的江西小炒和老周的肉片。「炒河粉中辣少油，小份肉片微辣少醋多紫菜，還有什麼比這更幸福的嗎」那是屬於福師大的味道，在這裡，也會有屬於淡江的味道。

麥當勞旁邊有一家淳手作，夏天賣剉冰，冬天賣甜湯。就算店員姐姐的臉色很臭，我們一群人還是對他家的甜湯上了癮。尤其是入了冬之後，總喜歡在下了課後來一份糯沙沙的紅豆湯，

廣興紙寮─ DIY 拓印成品

加上手作的芋圓、湯圓、麥角、Q圓、粉圓、仙草……沒有一樣是不喜歡的。鮮茶道的茶花綠茶要去冰無糖加寒天，最適合夏天；水源街木衛二的奶綠，溫熱也好喝；派克炸雞的芥末味最是特別……

淡水是個不急不躁的地方。淡水碼頭的夕陽伴著街頭藝人悠長的歌聲，好像一切都能慢了下來。就連淡水的雨也是連綿的，慢慢地下，不知道什麼時候會停，好像沒有盡頭。我總會跟以前的朋友開玩笑，孟庭葦不該去台北看雨，淡水的雨足夠讓她一次看個夠。

在淡水，我最羨慕的不是打扮新潮的年輕人們，而是悠閒自在的阿公阿嬤們。樓下有一家85℃，幾乎每天都會有一群阿公阿嬤坐在85℃門口閒聊。他們總會帶上自家的小寶貝，不是孫子孫女，而是打扮精緻的貓貓狗狗。沒有繁瑣的家務事，點一杯咖啡或是奶茶，大家拿出各家自己帶來的零食小餅乾之類，就可以聊一整個下午。

不論是年輕人還是上了年紀，在街上總能看見許多人帶著自家的寵物。挺拔的秋田，毛茸茸的比熊或是雪白的阿拉斯加，都是街頭最靚的仔。一次在淡江學園樓下看到一個阿姨背著個大大

的挎包，走近了看才發現有一隻小泰迪從中探出頭來。捷運是可以帶寵物進入的，總有人推著「嬰兒車」，其實裡面都是自家的貓貓狗狗。頂好超市對面的公交站背後有一家五金店，店主養了一隻秋田，毛色不亮，但很挺拔，它總是蹲坐在店門口，望著來來往往的公車，讓我聯想到日本東京澀谷車站門口的忠犬小八。

我從不喜歡貓，貓沒有規則的花紋還有長又翹的尾巴總讓我覺得發慌。跟狗相比，淡水街頭倒是很少看見貓，卻有不少貓咖。「沒有特別計畫」是淡江學園附近的一家咖啡館，那裡也有兩只貓，但不是貓咖，只是店主自家養的。慶幸的是我去了幾次都沒有遇見他家的貓。咖啡就是要冰的才好喝，即便是冬天也是如此，不到最冷的時候還是選擇喝冰的才夠味。我最喜歡那家店的榛果拿鐵，連不喜歡奶味的我都覺得他家的奶泡口感綿密不膩。再配上店內的招牌京都抹茶千層，微微的苦味和拿鐵最是相配。一杯拿鐵，一份甜點，在閒暇的時候與朋友在那裡閒聊一下午很能提高幸福感。以前的同學總說我這是已經過上了老年人的生活，但我覺得要是像淡水的老人，那生活也沒什麼不好。

這樣緩慢的生活節奏倒是很合我的性格，沒有什麼大起大落，就這樣淡淡地享受著每個值得珍藏的瞬間。

計畫如何在一學年玩遍台灣，這大概是每個同學在來台灣之前都會想的事。但等到真的來了台灣卻好像沒什麼興致出門。或許是淡水緩緩的生活氣息讓我沉浸其中，淡水的生活更像是在「過日子」，卻不像是來遊學了。

187

　　於是即便是一個學期過去了，我們的旅遊計畫也只是去了基隆、九份一帶，以及跟著老師去南投課外教學了三天，更多時間都是在淡水，或是坐上一個小時左右的捷運到台北附近走走，逛逛西門町，看看博物館美術院之類。淡水在台灣的西北角，捷運紅線的始發站，所以不論是花蓮還是台中，對於淡水來說都要花上不少時間才可以到達。

　　週末窩在淡水，要是逢上天氣好的時候就去淡水碼頭走走，街頭藝人的表演不比那些出名的歌手差；要是下雨就和舍友煮一鍋熱騰騰的泡面，我喜歡在面上窩一個雞蛋，半熟流心的最好，斯斯不喜歡和蛋有關的一切，她說蛋有股雞臭味；艾瑪喜歡早起去吃附近的早午餐，三明治薯餅之類，吃了一段時間發現體重漲了不少，氣急敗壞，又去頂好買了一大箱的燕麥，改喝燕麥粥。但她還是會在晚上十點過後跟著我們一起去買淳手作的紅豆湯；十三喜歡在台灣的一切，不論是西式早午餐，還是街頭的日式居酒屋，任何新鮮事她都喜歡嘗試。她可以為自己把時間安排得滿滿當當，我總是羨慕她能永遠對生活抱有熱情。

　　我們總是習慣在現在的生活中尋找過去的影子，其實現在的日子又何嘗不會成為未來所懷念的呢。

新北周邊一日遊

曾舒琪

象鼻岩

　　9 月 14 日，租車和朋友打卡了新北市的象鼻岩，陰陽海，九份和十分。

　　早上 10 點半從宿舍出發，穿過幾個隧道，大概 12 點左右到達深澳岬角、象鼻岩—因形似象鼻而得名，有獨特的地貌。深澳岬角以前的名字為「番仔澳」，據說為以前凱達格蘭人居住的聚落，另一個說法是深澳岬角的巨岩壁從側面看，輪廓像極了印第安人酋長的臉龐，所以被稱為「番仔澳」。由於地理環境的關係，長年遭海浪及海風侵蝕而成的海蝕洞，就變成象鼻岩的樣子。現在應該還算是一個小眾景點，我去的時候是週末，有許多當地人來拍照。

　　去象鼻岩的路比較崎嶇，要走一段挺長的岩石路，一路沿著礁石走過去，就可以看到一個大大的象鼻矗立在海邊，猶如大象喝水一般。不管是顏色還是形狀真的和大象如出一轍！而岩石上下都略有點危險，風浪很大，但風景很壯觀，真實的海天一色。照片其實很難還原肉眼看到的感受，站在岩石上完全是深深被大自然的力量打動，聽聽那如鼓聲般的海浪拍打岩石的聲音，享受此刻的寧靜。

　　接著從象鼻岩沿著海岸線往東大概 10 分鐘左右到達陰陽海，這是我無意中在做九份攻略的時候看到的，一下就被擊中了，並把它列為了我在台灣的必去景點之一。

　　之所以叫陰陽海是因為海灣中的海水顏色呈黃褐色，與外海方向正常海水的藍色形成了鮮明的對比，看起來就像陰陽一樣。租車司機胖哥說，原來海的對面是一個煉銅廠，裡面的化學物質流到對面海裡面，所以形成了一小半的黃褐色海水。

陰陽海

攝影：鄞子宸

191

　　陰陽海又被稱為台北小鎌倉，雖然我沒去過日本的鎌倉，但這裡真的超級有日式 feel，生銹的公車站，遠處廢棄的廠房，背後綿延不絕的山脈和面前不斷流動的大海，真的是每一個角落都非常值得回味。這裡的 T 字路口就是最好拍照的地方，隨手一拍就是孤獨海岸、動漫的意境。旁邊還有觀景台，站在觀景台拍照，更能明顯看到陰陽海的美麗。漸層的色彩出現在北海岸的一角，延綿的山脈與藍天與其相輔相成，構成如油畫般的美景。

　　接著到了九分老街—因動畫《千與千尋》出名的一個地方。最開始這九份老街並不是因為宮崎駿的動畫《千與千尋》而火的，而是以一部侯孝賢導演的電影—《悲情城市》而名聲大噪。九份老街的意味是很單純的，因為九份老街原先很窮，只有九戶人家，所以這九戶人家每次出外購物的時候都要買九份，因此，這九份老街便以此命名了。

　　九份老街是屬於台灣民間的一種特色。司機告訴我說，這裡早在清朝光緒年間便以產金聞名。因為台灣曾經落入過日本的手裡，所以還保留著日治時代的舊建築，可以看到青石街、窄鄉道、紅燈籠以及斑駁的木質結構建造等。房屋、街道依山勢而建，彎彎曲曲，高高低低的石階也是九份的一大特色，石階兩旁琳琅滿目，各種手作工藝品、老字型大小美食店、有情懷的咖啡廳等相互交錯著，點綴著。

煉銅廠遺址
攝影：鄞子宸

　　九份老街的路口在一個並不明顯的位置，如果不是寫著「九份老街」這幾個字眼，恐怕就要錯過了。老街除了有芋圓、芭樂汁、金枝紅糟肉圓、草籽粿、花生霜淇淋、魚丸等台灣特色的小吃以外，我們還可以吃到很多關於日本風味的一些小吃，比如說也可以在這裡吃到一些鐵板燒之類的，或者是午餐牛肉漢堡之類的小吃。特別推薦一下阿柑姨芋圓，這是九份的老牌芋圓店。他家的店面位置較高，基本到山頂了，位於九份國小旁。店裡有一整面的玻璃觀景台，吃芋圓的同時可以遠眺整個九份北海岸的綿延海景。海平面向天邊蔓延，尋找著它的方向，在某一處與天匯合，於是變成海天一線；沒有明顯的藍天，些許雲層，幾片山巒橫插在海面上，為這個畫面增加了幾道起伏的波浪線。近處的左右兩側則是順應山勢而建的房子，五顏六色藏匿於綠色半山腰上，看似參差不齊卻又儼然有序，幾處小道曲曲折折通往山上，三兩行人，四五車輛，使整個景象鮮活起來，讓人移不開眼。在安靜的時候，便能與自然有所共鳴；我可以看到白雲在飄的動態，聽到隔壁桌細小的呢喃聲，聞到彌漫在空氣裡的花香，感受到衣袖被微風拂過的痕跡。

　　不過這麼好玩的地方，一定要早去噢，因為九份老街 8 點店鋪結束營業，7 點左右就陸續關門了。

　　最後一站十分，抵達十分的時候，天色漸漸暗下去了，天邊的藍也顯得格外的好

九份老街（攝影：郭子宸）

看。看過《那些年，我們一起追的女孩》的你們，應該都會記得柯景騰和沈佳宜在鐵道上放飛天燈那一幕；或者更有侯氏情懷一些的，看過侯孝賢的《戀戀風塵》，記得阿遠和阿雲走過的那條橫穿小鎮中間而過的火車軌道。

　　平溪線是給觀光客特別是鐵路迷而設，小火車經過十分城鎮時相當有趣，外部的鐵皮繪有美麗的圖畫，造型短小精幹，只有3節車廂左右，叮叮叮響著即將到來的鈴聲，留給火車「呼嘯」而過的空間。十分是整個平溪線鐵路最熱鬧、最大的車站。遊人與列車共用鐵道和街道，老街上一棟棟古老的民居建築，傍著鐵路的兩旁而建，在軌道的盡頭，商鋪和遊人都漸漸密集起來，有很多商家在出售天燈和各式紀念品。當地人稱這裡是「十分幸福，幸福十分」的幸福村，來十分的人都會很幸福。

九份—山與海　（攝影：鄞子宸）

　　司機胖哥告訴我們，平溪天燈起源於十分。每逢節日，台灣民眾都喜歡到平溪，十分車站是放天燈祈福最熱門的地方。純色天燈 150 台幣，四色的 200 台幣，我們買的是紅色。每個顏色的寓意都是不同的，比如紅色是祈求身體健康平安、心想事成；粉色是祈求有情人終成眷屬、天成佳偶；黃色是祈求開運、求財等等。

　　在天燈上寫完自己的心願後，店家帶著我們到門店前的鐵軌上放天燈。放之前會用我們的手機幫我們免費拍照、錄視頻。之後將自己的願望和祝福點燃，看著冉冉上升的天燈消失在天際，希望所有的願望和祝福都能實現。

　　十分車站，希望真的能十分幸福！

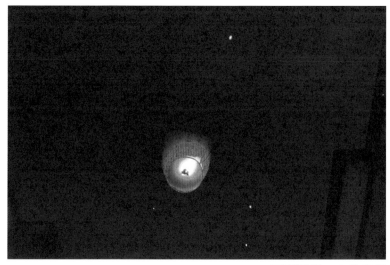

平溪天燈—十分幸福

流浪到淡水

劉若旻

　　淡水開始轉涼了，此時窗上糊了層厚厚的水霧，窗外是機車轟鳴和傾盆大雨的交響樂。下雨的時候 會想起學長學姐和我說過，淡水是個多愁善感的小鎮，像極了豆蔻年華的懷春少女，稍不順心就是疾風驟雨，惹人心憂。不出所料的，當我們一行人初次踏上台灣的土地，開始書寫全新空白的芳華歲月時，由於時間已經較晚，街上僅有寥寥數人，店鋪也開的不多，加上綿綿不絕的夏雨，我第一次感受到了孤獨的涼意。

　　當我寫下這些文字時，已是淡水的冬季。雨滴還在飄散，濕冷的氣息鑽入厚重的衣服裡。不知不覺，來台的日子也有一段時間了。

———

「有緣，無緣大家來作夥，燒酒喝一杯，乎乾啦，乎乾啦！」
「想起故鄉心愛的人，將伊放昧記，流浪到他鄉，重新過日子……」

教知識管理的邱老師有個很有趣的習慣，他喜歡在文鄒鄒的商業課前放各種不同風格的歌。在某一次課前他放了上面那首歌，歌名喚作〈流浪到淡水〉。

他點下暫停鍵，悠揚的歌聲戛然而止。他用沙啞的聲音笑著問道：「相信在座各位，大部分和我一樣都是流浪到淡水的吧？大家背井離鄉，你們是為了讀書，我是為了工作賺錢。」

大家都笑了。

說實話，初來台灣我是很不適應的。縱使做好了心理準備，在真實地體會到之後還是顯得很無力。食物的份量和種類、交通的運轉形式和支付方式、各種物品因匯率而升高的價格等等，都令我對接觸新事物有些失望而卻步，好奇心和新鮮感並沒有維持太長的時間，一切很快趨於單調和平凡當中。

於是乎，生活慢慢濃縮成千篇一律的剪影，頗有一種真實的流浪感。周邊的人都是再熟悉不過的同學，電視上的新聞鮮能看到大陸的消息，網絡上海峽那頭的朋友時常相互碰面，親朋好友的鮮活形象只能出現在手機視頻通話裡。

二

　　中秋節我沒有出外，只是靜靜地看著皎潔的月亮出神，想著家人是否也在賞月，還是已經擺好月餅準備開始拜拜了。蘇東坡「但願人長久，千里共嬋娟。」的詩句，迸發出濃厚的思鄉氣息，彌漫在漫長而又靜謐的夜裡。

　　「人生浮沉，起起落落，毋免來煩惱，有時月圓，有時也昧平……」

　　「趁著今晚歡歡喜喜，鬥陣來作夥……」

　　人生本就是一場流浪，因為沒有什麼東西是永恆的。快樂不是，悲傷也不是。

　　淡水的大氣雖然變幻莫測，但也不是永遠在下雨，雨後的淡水掛著清新和靈動的雨綴，等待陽光加以裝飾。

　　就像對生活的不適應總會轉為適應，然後陽光灑落大地，景色變得更加鮮活起來。

　　陽光明媚的台灣頗有「淡妝濃抹 總相宜」的意思，每一個市區每一個小鎮，每一片海和每一條溪流，都有獨特的風韻。台灣向來被稱為寶島，美景和風土人情引得世人慕名前來。在台灣的日子裡，出行總是令人嚮往的。而每一次出行，又是另一種形式的流浪。

　　看過台北 101 的熱鬧與繁華，也見過慵懶的夕陽在淡水河畔緩緩落下；穿過士林夜市、饒河夜市、寧夏夜市、基隆廟口夜市

的每個小攤；也越過和平島和象鼻岩的每個高坡；領略過九份十分和平溪的幸福滿滿，也體會到南投原住民文化的源遠流長；熱愛著松山文創園裡的輕鬆活潑，也敬畏著國父紀念館裡的莊嚴肅穆。

奔波往復的過程在我的生活裡刻下美好的印記，或許是地鐵上用眾多紙片拼起來的創意廣告，或許是夕陽下輕輕吟唱的歌手，或許是夜市裡好吃的牛肉麵和炸魷魚，或許是港口邊釣魚的阿伯放著五月天的歌，或許是自己動手寫願望再把天燈放出去的瞬間，或許是民宿裡養的四隻乖乖的小貓，或許是租不到機車只能走路的窘境，或許是原住民區射箭唱歌跳舞的狂歡，或許是衛兵換崗時的威風凜凜，或許是日月潭的水天一色，或許是燒烤時升起的裊裊炊煙……

我仍舊像一個流浪者流浪在各個陌生的地方，見過那裡的山高路遠，觸摸那裡的風土自然，把他們整理成精緻的片段，鑲嵌進記憶最深處的地方。

如果說出遊的樂趣是在於看到美景後的滿足，那我更傾向於出遊的過程。一路上大家結伴作夥，一同出行，一同欣賞美景，可能一同失望煩惱，但一同解決問題，一同笑靨如花，一同加深感情。每一個在一起的瞬間，都成了大家共同的

美好回憶，這定是多年後想起來都會幸福到嘴角上揚的事了。

我堅信與每個人的相遇都是特別的緣分，能夠攜手從一個熟人社會到陌生人的社會更是難得而彌足珍貴的。一個人的流浪是悲情的流浪，而一群人的流浪一定是飽含著美滿與幸福的。

三

據說人的一生會遇到兩千多萬個人，形形色色，迥然不同。在台灣的生活總會接觸到不少人，他們非常有禮貌，而且自然平實，和藹親切。

「謝謝」和「對不起」成為每個人的口頭禪，人與人之間顯得井然有序。捷運和公交上的博愛座很多時候都空著，因為大家覺得這個座位會有行動不便的人需要；在捷運上不小心吃了東西會有路人提醒，垃圾分類不小心錯了也會有人上前，大家共同監督並維護環境；餐飲業的服務總是面面俱到的；公共衛生間永遠乾淨整潔而環保。

在學校如是，每一位老師都有自己的個性和特點，但唯一不變的是對我們總是平易近人。每個人身上總有一股坦然和善良的氣質，就像淡水河潺潺淌過，靜水流深。大家各司其職，熱愛自己的崗位，並且勞逸結合，看似單調實則有條不紊地生活，並樂在其中，每個人都有自己的故事，每個人都在靜靜書寫自己的人生，不緊不慢，輕鬆而又充實，平凡而又絢麗。

人與人之間總能很快擦出火花，在大廣場上常能看到集體活動和狂歡，或是呼籲一些對社會的公益活動。在拍攝紀錄片的過程中參與了淡水環境藝術節，踩街活動的浩大聲勢和人山人海令觀者為之震撼，也為之喝采。

人生活在群居社會裡，而人們之間的關係或許是決定社會風氣和生活方式的最關鍵因素了。

很慶幸自己能看到這一切，並有所感觸與收穫。

四

「有緣，無緣大家來作夥，燒酒喝一杯，乎乾啦，乎乾啦！」

我的腦海裡又回響起這首閩南語歌。

來台灣的日子裡，我一直在學會作夥。

從初到時的不適應，到與人結伴出行，再到融入這裡。與自己作夥，到與同伴作夥，再到與周遭的生活作夥。我還是樂意稱自己是一個流浪者，帶著所有或是好的或是不好的回憶，流浪到淡水。在這一路流浪的過程中，我並沒有就此沉淪，而是看到了最真實的自己，看到了最真實的淡水，看到了最真實的台灣。我開始暗喜自己能夠有這次經歷，暗喜在自己的人生中能夠有這濃墨重彩的一筆。

還好我的流浪之旅還沒有結束。

來日方長。

Living in Tamkang

駱君婷

　　淡江學園每週一至週五都有免費接送學生到學校的專車，但是時間總是固定的，每班車的間隔都很遠。因此我不是很喜歡坐車到學校，習慣每天在宿捨和學校之間來回走，在這個過程中也發現了許多有趣的小道、不同的路線。

　　我最經常走的那條路，也就是大多數同學都會選擇的一條路，途經頂好站和黃昏市場。在一個大雨淋漓的晚上，狂風把傘和雨一起吹斜了的晚上，這是一個沒有課的週五，我像往常一樣從學校圖書館返回宿捨休息，走在這條路線上，心中怨言不斷，咒罵著該死的天氣，一切都是黏糊糊、潮濕的，讓人很不愉快。在坑坑窪窪的地上不輕不重地踩上一腳，雨水往上濺，鞋子的底

部似乎浸濕了，寒風刺骨，這種又乾又冷又充滿著水淋淋的感覺，讓我不禁有些煩悶和厭惡。

　　我想起未來台灣前的期待，現在看來似乎有點天真。當時刷著小紅書這類軟件上的各種旅遊攻略，聽著學長學姐對於台灣生活的懷念，心想在台灣的生活將會如何如何地豐富多彩，我應當如何如何地規劃自己的生活。可是，當在這裡生活了兩個月後，隨著在新環境的不適應和不安逐漸撫平，最開始的好奇和激情也褪去了，我開始不像一個旅行者，而是一個真正生活在此的人去看待這座城市。我的關注點不再是淡水的夕陽、裝修別致而又味道可口的咖啡館，或者更遠的地方——十分的天燈，或者九份老街。我已經習慣於專心學習的平淡生活，走遍水源路、英專路的每個平凡的小店去覓食，開始會嫌棄淡水下雨的天氣，體驗生活在此的酸甜苦辣。

　　我邊思考著這個變化邊繼續走在回宿舍的路上，由於腦海裡一直在思考別的東西，焦點轉移了，因此對於下雨天的煩悶也減輕了。我突然看到了一個燈牌——Night in Paris，這是一家饒有巴黎情調的咖啡館，店面不大，和旁邊一家賣芋圓仙草的糖水店一般大，在店鋪右邊一角有一個小黑板，寫著新品和其他一些有

關店鋪的資訊。這家店在早上並不開，因而我只有晚上回宿舍的時候才會注意到它，在黑黝黝而又寒冷的夜裡，這家充斥著暖黃色燈光的小店顯得似乎更加溫暖了。我很喜歡這家店。

看到這家店的名字，我再一次想起了那部電影《Midnight in Paris》，進而聯想起了剛來台灣的那個晚上。那時候，剛下飛機，需要坐大巴從機場去到宿舍。那個晚上也是一個雨夜，剛好我的傘還丟在飛機上，所幸一開始雨並不大。直到我們坐上

巴士，雨才漸漸地大了起來。巴士剛從機場出發，窗外的濛濛細雨不斷地拍打著巴士的窗戶，窗戶起了一層薄薄的霧，露水狀晶瑩剔透的雨水像珠簾般附在這層霧上面，窗外的燈光折射到這層霧上，不知怎麼的，窗子變成了一種透明的、迷離的紫色調。像極了電影《Midnight in Paris》的海報（如圖）。雖然同是一個雨天，我的心情卻十分寧靜和乾爽，似乎是由於一種到了新環境而好奇的雀躍，也有因為是在夏天，機場外的柏油路寬大、平整的緣故，並沒有像今天這場雨這樣讓人感到煩悶。

那時，我好奇地望著窗外，帶著對新生活的不安，但更多是激動——將窗外的景色、店鋪仔仔細細地打量著，台灣的建築、店鋪的燈牌，甚至是頭頂上的呼嘯而

過的捷運，一切都是那麼的新鮮。我的眼睛好像一台攝像機，緊致地捕捉著每個畫面，並力圖把它們刻在心上。雖然，這些新奇的玩意對於已經在此生活了兩個月的我已經不再新奇。我突然又想起法國詩人蘭波的詩來，他說詩人生活在別處。

最經常去的學校門口的日式平價餐飲店

人們似乎總是追求一種詩意的生活，而這種詩意的生活是日復一日的早已習慣、麻木的日常生活無法給予的。所以，人們喜歡追求新鮮的刺激，喜歡旅遊，喜歡別的城市，幾乎沒有一個人說自己所居住的城市就是自己最喜歡的城市。但當他們所嚮往的城市真正成了自己所居住的地方，他們就要開始面對生活中的種種柴米油鹽，迎接每一個艷陽高照的晴天，每一個朝氣蓬勃的早晨，同樣也要準備好勇氣面對每一個寒風瑟瑟的黑夜，每一個大雨傾盆的上班日。他們享受每一處美景，親切的居民，但是這一切總會歸於平淡，歸於週末擁擠的巴士和捷運。他們開始想逃離到另一座城市去了。

比如我吧，在福州的時候，就想念泉州，認為福州這個「鬼地方」，夏天又熱容易曬傷，冬天又乾冷，此外又特別喜歡下雨，簡直是煩人至極。但是來到了台灣兩個月，也開始不覺得福州討人厭了，那些令人煩悶的黃梅雨、雷陣雨、颱風似乎離自己更遠了，取而代之的是一種對福州的某些詩意的懷念。

　　但是，在激情和生活之間，我們總要學會妥協，認認真真地在一個地方學習、生活。在這種看似隱忍的妥協之中，實際上，我也慢慢地體會到生活的樂趣。平淡的生活中也存在著別一番詩意，這是一種不同於新鮮刺激的旅遊體驗的寧靜，這是從在淡水每一條走過的街頭巷尾、彎彎繞繞，每一家品嚐過的小店，每一個壽司、飯團、雞排中，遇到的每一個人，經歷過的每一件小事中漸漸體悟到的。我漸漸地習慣於光臨某幾家餐飲小店作為自己的一餐，漸漸地習慣每天早上來一杯低脂牛奶和飯團，漸漸地習慣在宿舍 R 樓運動……在淡水，我是真正生活著，而不是僅僅作為從外面觀光這座城市的遊客。

　　想到這裡，我突然回過神來。我已經快走到宿舍了。雨似乎還是很大，嘩啦嘩啦的，好像有人把浴室花灑開到最大，風似乎更加猛烈了，幾乎要把傘吹翻了。由於心態的變化，我對於天氣的煩悶感似乎沒有那麼嚴重了，我開始帶著更加平和的心態去觀察我所生活的這座城市，這條街道，甚至面前正在閃爍的綠燈。這一切都是多麼的平凡而親切，而我的日常生活也是置身其中的一道風景。

日常藍調

楊智宏

「時間過的好快啊！」對詞句匱乏感情淡薄的人來說，每次在寫相似的日記的時候，或許都得來上這麼一句，當然我也不能免俗。當我整理這篇日記的時候，我來台灣已經快 3 個月了。一個學期即將過去，我對台灣也有了一個粗淺、大概的瞭解。那麼，我將依據我的所見、所聞、所感拼湊出的感想。

流浪到淡水

淡水，光聽到這個名字，就知道飽含生命的氤氳感。的確，淡水地如其名，這是一個水資源豐富甚至是過剩的地方，一年三百六十五天，也許有 300 天都沉寂在陰雨綿綿之中，這麼說或許有些誇張，可是誰知道呢，或許淡水住著一隻水娃？每當我想要早起好好去圖書館正正經經看本書時，窗外的陰雨總是能打敗我的倔強，克服我的不切實際，讓我乖乖回到簡素的床，做條不著四六的鹹魚。住在淡水的人啊，要有多麼好的心情，才能抵禦這麼多的陰雨天氣。

當然，除了淡水的雨，淡水還是有很多值得很多期待的地方。浮光晃動的淡水河畔，承載了多少這座城市的光陰故事？也許你要親自來一趟，才能體會這條河流傳承下來的風情。在淡水老街吃一碗人氣爆棚的淡水阿給，去淡江中學感受一下周杰倫的

208

學生時代，傍晚時分，走到漁人碼頭，和熙熙攘攘的人群一起，等著看有名的淡水夕照。紅通通的太陽掉在大海前，把整個河面照映成金橘色，還來不及嘆，夜晚就來了。坐在夏夜的河邊，聽著街頭詩人一首接一首的情歌。這時候，你我也是流浪到淡水的一員。

流浪到淡水，做短暫的停留。我們大多數時間都在路上，沒有哪一處可以永久停留，不管你是否情願。但很希望，用自己的雙腳，將在淡水經歷的點滴，都收藏進記憶深處。別趕路，去感受路！

台北的樣子

還沒來台灣之前，台北，總有一種莫名的，吸引人的情愫。九份、西門町、大稻埕、101，這些地名在還沒有來之前早已耳熟能詳。台灣，儼然成了小清新文藝範的代名詞。來了之後發現，小清新的風格之下，台灣還是多樣的。那麼，台北的樣子是什麼？

攝影：吳秋霞

　　當我生活在這裡，我真切走過了那些我曾經知道的地名，在101找到台北的城市輪廓；在敦南誠品看到最優雅的書店；在大稻埕碼頭找尋曾經那個悠悠蕩蕩的黃金年代；也在九份的雲端，看風中微塵……我發現，台北很豐富，很熱鬧，充滿溫情。雖然有時候會因為忙綠，看到一些臭臉，或者不小心給別人看到一些臭臉。但說到底，他們還是很樸素友善。

　　當然台北的另一面，總是舊舊的，經常下著雨，又傳統，又妥帖舒適。一次騎行，從台北騎行到淡水，傍晚時刻的台北大佳河濱公園，天光很美，河堤運動場裡青年們在在裡面揮灑汗水；微風柔和，河堤上三三兩兩散步的行人。遠處是台北的標誌101大樓，不時還能看到從桃園機場出發，飛向世界各地的飛機，陽光灑在河面，映射出淡淡的柔光。我突然覺得，這就是台北最美好的時刻啊，沒有像北京上海那樣拔天的高樓，但是這裡的人珍惜生活，也在這片可愛的土地上好好地生活。

河濱公園夜景—遠瞰 *101* 大樓 （攝影：吳秋霞）

走進生活

　　我在這裡自由得像空中的行雲。可是偶爾過度的自由也會讓我們不知所措，所以有時候一個宿舍的默契就是，大家不約而同地爬上一張簡素的床，寬衣，躺平，蓋上鍋蓋（噢，是蓋上被子），做一隻不著四六的鹹魚。有一天，一隻鹹魚受夠了這樣的日子，想要出逃。可是對於一群「今天要吃什麼？」這麼樸素的問題都無言以對的鹹魚來說，出逃？出逃去哪？於是一群鹹魚又一次坐上了北上的捷運，去台北，看霓虹燈，順便看看其他的鹹魚……對於像我一樣的鹹魚，心若沒有方向，到哪裡都是流浪。

　　身體想要休息，意識卻加以拒絕。如果非要用人類語言講出來的話，那就是又失眠了。現在是凌晨三點，我躺在床上，聽著舍友高低起伏的呼嚕聲，覺得豔羨又可惡。剛才做完作業，已經是凌晨兩點，躺在床上，輾轉難眠。這已經不是為了作業第一次熬夜了。由於選修了紀錄片製作的課程，需要後期製作，對於一無所知的小白來說，尤其困難。為了學習 pr、id 這些軟體，也曾通宵熬過夜。一開始，我以為來台灣，大概是來遊學，應該是輕鬆而有趣的。但是到學期末，發現還是能學到許多東西。為了完成作業，學著接觸一些新鮮事物，覺得是一件很有趣的事。

　　有的老師上課浮誇，有的老師認真，他們都教會我一些東西，比如熬夜做作業。當然，你所熬過的那些夜都不會白費，他們都會以不同的狀態反映在你的身上。比如每次熬夜時，我摸著滷蛋般光潔的額頭，總感覺再給我紮個小辮子，就是清朝人了。

211

用前半生熬夜，後半生煲湯，甚至對於某些大學生而言，還有沒有後半生都令人費解！

走進山海

台灣雙十節的時候，報名參加了淡江自行車協會舉辦的台灣北海岸線三日騎行活動。

三天的騎行不長，可是對於已經兩年沒有騎過戶外長途自行車的菜鳥來說，騎行的過程著實辛苦。為了跟緊隊伍，雙腳必須一刻不停地往前蹬，身上的衣服被汗水打濕，不一會兒陽光和海風又會把衣服吹乾。由於不適應坐墊的硬度，屁股被折磨得想要罷工。不過，相對於沿途的景色，這點痛苦又算得了什麼呢！

台灣是一個不大的島，山海間距離較近。一路騎行，一邊是海岸線，一邊是綿延的群山，靛藍的海岸線一眼望不到邊，青綠的群山在一旁回唱。眼望如此風景心中充滿著溫馨平和的情思。

環島時，每逢眼前出現一片湛藍海水，總會難言亢奮，下意識地想要大叫，沒有形狀、沒有盡頭、無拘無束的向外延伸的海，總是令人澎湃激動，一直看著海，一直往前騎，彷彿就能釋放掉所有壓抑的情緒。

騎行的時候，可以什麼都不想，也可以想很多。踩上踏板的那一瞬間，彷彿啟動了某種特殊開關，進入到一個屬於自己的空間。順著自己的思緒，看看風景，觀察四周，思考平時沒空思

考的問題，不被外界的嘈雜訊息所干擾。想著想著就容易放空自己。

早晨出發時，在灰藍色的光線下，景物好像更呈現出本來的顏色。清晨騎著車，冰冰涼涼的空氣打在身體上，微微潮濕彷彿有活力一般，每吸進一口，身體就得到一點養分一樣。

寫給自己

在台灣的這幾個月裡，我經歷了一些事，也見過一些人，那些我遇到的樸素的平凡的人，自動地走進我心裡，也許在以後生命許多流失的時光裡，會蓋上永久的印記。

希望有一天，世界不再被狹小的國家的牆隔成片段，知識是自由的，心是無畏的，頭也抬的高昂，沒有人為枷鎖束縛人類。

希望是要在內心保有的，要不然就真成了不著四六的鹹魚了。不過她們說，少年的肩頭，本就應當滿是美好的事物，什麼家國仇恨，浩然正氣的，都不要急，先挑起清風明月、楊柳依依和草長鶯飛。還能說什麼呢？我只能附議，並且希望在接下來的日子裡，找一個可愛的人，就此快快樂樂地苦度光陰。

舊轍方迷，新的田野又在面前奇妙地展開⋯⋯

只要步履不停，我們總會遇見。

在台灣的小幸運

張藝彬

川中島狩獵體驗課 （攝影：吳秋霞）

　　來台灣已經快要一學期了，淡水是我們的常住地，淡水如它的名字一樣，雨水非常多，冬天簡直是災難，如果要下雨，那將會是持續一週的大雨大風，雨多到讓你懷疑人生，剛來的第一個月我都還處於厭倦、排斥的狀態，但隨著時間的推移，我開始感受到這裡的一些小美好，遇見了一些小幸運。每日溫暖的早餐店、每週三四次的續命奶茶、每週三次的熱血劍道社等等都成為了我在台灣的小幸運和每日每週的期待。

劍道社

　　起初對劍道社感興趣，只是因為學長姐穿劍道服很有型，真正對劍道社著迷是穿上護具後，跟同伴互打。對劍道著迷以後，每節課兩個半小時的時間，突然覺得過得好快，下課後都有點意猶未盡的感覺。學長姐最經常耳提面命的一句是：「劍道啊，講求氣劍體一致，只有一致了才是有效打擊」。所謂氣劍體一致是指，我們在打劍的時候，要劍到，腳到，喊聲到。在比賽中，如果只有劍到，腳到，喊聲沒到，是無效打擊的。剛開始上體驗課的時候，看學長姐打劍，我心想：天，居然還要喊聲，殺了我吧。因為我個人是比較不喜歡大聲喊類似口號的東西，所以在後面的練習中，是有點不太喊得出口的。但帶上護具以後，大家在打面部、打 kodei 的時候很認真，很用力，有時候還會打到手臂沒有護具的地方，痛到想要當場離開，所以輪到我打的時候，就會變得比較認真，也想要打得好，這時候居然會不知不覺地大聲去提氣喊出來，做到氣劍體一致。劍道就讓我有了不一樣的突破，敢在公共場所大聲地喊出來。劍道裡藏著東方哲學的智慧，講求氣劍體一致，以靜致動，以不變應萬變，訓練一種處變不驚，沉著應對危機的能力。劍道的智慧現在是別人告訴我們的，等到我們真正體會，還要再訓練一些日子。

　　劍道還講究很多禮儀，如出入道場的時候，都要脫襪，向道場內鞠躬；道場上不可以隨意坐下；要重整護具得跟學長姐講，不可以默默下去整；跟對手打完也要鞠躬，退場不可以轉身，只能後退到場外等等。一個人的技術精湛，但是個人修養欠缺，也

不能算學習了真正的劍道。

　　劍道社的學長姐雖然在道場上都比較嚴肅一點，但私底下還是很好相處的。快要期中考的時候，學長姐還會給社員分歐趴糖，希望大家考試都能 all pass。據說給學弟妹發歐趴糖也是台灣這邊學校的傳統，我覺得這是比較讓我感覺到暖心的傳承，通過小小的歐趴糖促進了學長姐和學弟妹之間的關係，是非常暖心分享愛的表現。

　　劍道是這學期我最喜歡最堅持的事情了。

最暖早餐店

　　愉快的早餐是一天元氣的開始，淡水的早餐店大多都是美式早餐店，每家提供的早餐都差不多。黃昏市場對面有一家皇室吉利堡早餐店，雖然也是這樣的早餐店，但它非常有人情味。從淡

江學園到學校，走路一定會經過這家店，第一次經過的時候，就被老闆的熱情給吸引住了，老闆會打招呼說：「妹妹，早呀。」幾天被打招呼後，就會想去試試這家店，隔天就去店裡吃了早餐，發現這家店還會送熱狗、蘿蔔糕等小吃，因為老闆怕你會吃不飽。這可以說是這家店的行銷策略，但我更願意相信是這家店的人情味，老闆只是通過親手做的每一份早餐，每一句早安去傳達他的人情味。這家早餐店大概是我在淡水感受到的一份美好了。

奶茶續命

　　生活好苦，奶茶續命。台灣的奶茶店真的好多，每週三到四杯的奶茶是我一週的能量加油站，最喜歡的是鮮茶道的茶和木衛二的奶茶。鮮茶道的店內總會飄著一股淡淡的茶香味，每杯飲品也是淡淡的香味。木衛二起先吸引到我的是它的名字，木衛二是

木星的天然衛星之一，由伽利略在木星旁所發現的二號衛星，是四顆伽利略衛星中最小的一顆，英文取名 Europa(歐羅巴)，與歐洲是同一個字根，這個名字來自於美麗的腓尼基公主，都是用來形容美麗的人事物。而後再深深吸引我的是它的奶茶，木衛二的奶茶很順滑，入口即能感受到它淡淡的香味，我最鍾愛的是碧湖鮮乳茶那提。

遇見萬老師

萬老師是影視娛樂產業概論的老師，老師是一個對教學很熱誠、對學生很負責、上課風趣幽默的人。第一節課我就被她高昂的情緒和語調嚇到了，老師的肢體語言和表情都非常豐富，每講到精彩之處，都會先挑起眉毛，點頭幾下，然後再繼續向我們問一些問題。萬老師不只向我們傳授學習知識，更可貴的是她也一直在試圖引導我們改掉一些壞毛病，往正確方向的方向走。

在期中考報告上，有一個小組的報告的內容，很明顯讓人感覺到他們的不用心，等他們報告完。

老師問：「你們開過幾次會？」

同學回答道：「兩次，在 line 上面。」

老師說：「傳媒人做的作品是給不專業的普通觀眾看的，但是他們卻能真實地感受到你們對這個作品有沒有用心。」

隨後老師又講了我們課堂上的壞習慣，老是在玩手機或者做

別的事情，她：「有時候，我時常跟自己對話，萬玉鳳，不要去管這個，為他們好但卻不討好。可是我自己心裡過不去，是誰讓學生覺得在課堂上玩手機是可以的，是台上人的默許。所以只要是在我的課堂上，我都盡量給你們小小的提醒，讓你們不要玩手機，不要讓你們浪費光陰。」「是誰讓學生覺得在課堂上玩手機是可以的，是台上人的默許。」這句話讓我印象最為深刻，上了大學以後，課堂氛圍變得很輕鬆，你玩手機，基本上老師是不會管你的，久而久之大家就將課堂上玩手機當成了理所當然，大學的時光就這樣荒廢過去了，老師的這句話點醒了正在耍廢的我。

在台灣上學遇到了許多不同的老師，有人讓你找到興趣、有人帶你找到努力的方向、有人教你企業管理滿滿的乾貨等，但其中我最感謝的是萬老師給我點醒並給我信心。

遇見的每個人、每件事也許都是剛剛好的是事情，剛剛好我填了這個專業、剛剛好這個專業是閩台合作、剛剛好這個專業是來淡江大學，於是剛剛好我就遇見了我的劍道社、遇見了萬老師、遇見了最暖早餐等等。很幸運在青春年華能有這一段交換經歷，能看見台灣的一些美好。

2019 年‧108 年

李薇

九份的傍晚

　　西元 2019 年也是中華民國 108 年。這一年裡,一半是 2019,一半是 108。

　　說來奇怪,這兩個數字代表的都是同一個年份,但帶給我的感覺卻相去甚遠。2019 的上半年我還在福師大,每天奔波於兩點一線──從 16 號樓到文科樓,從文科樓到 16 號樓,走在校園中總能碰到許多熟悉的面孔,學校食堂的櫥窗玻璃裡映著並不好吃但又熟悉萬分的飯菜,穿著黃色制服的外賣小哥穿梭在彎彎延延的長安山裡,這樣的生活日復一日的相似。但在 2019 年 9 月,當我走出台北松山機場的那一瞬間,我的生活悄然發生了改變。

　　對於與福建臨海相望的台灣，我一直覺得無論是氣候、飲食、語言還是文化上應該都與福建差別不大。抵達台灣的那晚，我們坐上一輛裝有 KTV 裝置的巴士，伴著奇特的螢光粉 LED 旋轉燈光，車子一路來到了淡水，現在想來，這應該是我來台灣遇到的第一件迷惑事件。後來聽台灣的同學解釋，因為台灣很小，兩個小時的路程對她們來說真是坐立難安，所以大巴車上會安裝 KTV 設備，以供大家打發時間。如果有幸與另一輛大巴車並肩同行，可能還會聽到隔壁車的引吭高歌，在藝術薰陶這件事上台灣人民一分鐘也不能錯過。我很難從這件小事中得到什麼所謂兩地生活差異之類的理論，只是覺得或許兩地之間的差異並沒有我想像的那麼小，而這其間的差異一定是很有趣的。

　　處於台灣島風口處的淡水是一個多雨的地方，所以風格外的大，下起雨來更是寒風刺骨。作為來自大陸的交換生，我們牢記長輩教誨，常著過膝長褲，「不穿長褲以後會風濕骨痛」的罪惡感總會及時出現在心存放縱念頭的時候。初到台灣時，有一次我們到黃昏市場，蛋糕店的老闆突然說：「你們是大陸來的嗎？」我們詫異，問他怎麼看出來的。老闆十分得意，說：「因為你們長得不像，說話不像，而且穿得也不像」。一開始我並沒有想通為什麼穿得也不像，後來才發現，台灣學生的日常搭配方式是上半身厚重下半身清涼，羽絨服配上超短裙的搭配在他們的眼中早已見怪不怪，因此時常會出現一個場景──我和我的台灣組員關切地互相問候：「你難道不冷／熱嗎？」在回答完後雙方也總會感慨，表示自己實在不能理解。我想，如果可以統計一下風濕骨

痛的比例，北部一定拔得頭籌；而我的台灣同學或許會想，如果可以統計一下在台灣熱到中暑的人，一定多半是大陸的朋友們。

飲食也是一個值得說一說的話題。在資訊交流極為迅速的時代，我們常常能在網路平台上看到台灣美食推薦，從台灣夜市小吃到開業多年的知名老店，作為近年來互聯網行銷中長久不衰的成功案例，台灣美食一直是吸引大批量遊客的亮點之一，因此出行前我們背上行囊的同時也做好了成為注水豬肉的準備，幻想每天過上大快朵頤的生活。

原以為台灣和福建的口味大同小異，即使略有不同也能如魚得水，結果來台第一個月，大家就受到了生活的重創，用「人比黃花瘦」來形容也不算過分；存在於大家的夢裡、讓閩台班學子魂牽夢縈的水煮田雞，在這邊也變成了一絲幻想，而想吃田雞的欲望一般都是在看到夜市裡完好帶皮的冷凍田雞時戛然而止的。

就台北而言，這裡並不算是美食荒漠，川菜湘菜魯菜各個菜系應有盡有，只是口味上多多少少都帶著台灣本土的氣息，在我抬起筷子的一瞬滿懷欣喜，放下筷子的 那常常是意恐遲遲歸，而我的鄉愁會在夜裡隨著腦海中那縷香氣穿過回轉的台灣海峽到達對岸。

另外一個不得不提的台灣美食特色一定是「有嚼勁」了，每天都能看到人們拿著手搖飲品穿梭在各個角落。根據有關部門的統計，台灣每年賣出 10.2 億杯手搖茶飲，平均每人每年喝下 44 杯，銷售出的珍珠、芋圓等小料更是無法計算，而在強烈的行

業競爭裡大家力爭上游，口味各有千秋，直接導致我一度沉迷於各種有嚼勁的圓子，久而久之除了肥胖這個憂慮還多了一個害怕腮幫子大成布萊德皮特。當然，在冬夜裡有時我和舍友也會一起煮一鍋熱氣騰騰的泡麵，嘀嘀喜歡在面上窩一個雞蛋，半熟流心的最好，我不喜歡，我覺得蛋有股雞臭味。

　　另外一件令我感到新奇的事是走在街上，我常常能看到各式各樣的嬰兒推車，大的小的高的矮的應有盡有，以至於我時常會想新聞是不是真的有強烈的導向性，每天電視上像娛樂主播一樣的午間新聞主持人憂心忡忡地報導台灣進入少子化只是一個幌子。直到有一天我看到一輛嬰兒推車迎面走來，兩側還放著印有卡通圖案的水壺和幾個小玩具，突然一個戴著上有精緻印花的圍兜的腦袋從嬰兒車裡探出頭來，撩開嬰兒車屏風的身姿極為嫵媚優雅，而那顆毛茸茸、上邊還有兩隻耳朵的腦袋看見了我，露出了柴犬標誌性的微笑，笑中似乎還帶有一絲對於只能步行出門的我的輕蔑之意。

　　當然，這是我的個人猜測，但當我時常在樓下的 85℃ 裡看到趴在地上無憂無慮曬太陽的狗狗時，回想起自己還有無數個課題報告還沒完成，我仍不禁感慨在生活品質方面可能做狗比做人有趣精緻得多。

　　這些只是一些生活碎片和胡言亂語。但在這幾個月的生活裡我也逐漸發現，台灣與福建雖一水相隔，說著一樣的語言，有著同樣的膚色，甚至有著一樣的文化習俗，但我無法說這是一個與大陸並無差異的地方，它有著與其他省份不一樣的故事、不一樣的歷史傷痛、不一樣的融合文化。此時政治已然成為兩岸之間最重要的議題之一，在資訊爆炸的時代每天都有各種立場、各種看法的資訊鋪天蓋地進入人們的視野當中，影響著人們的觀點，我們無法避而不談這個問題，但也深知道阻且長。在某些時候，我們也會因為一些言論和立場而憤憤不平，但拋開政治不談，這是一個人情味濃厚的地方。

　　當起早去上課的途中聽到早餐店叔叔說「今天也要加油哦」，當忙碌了一天遇到街邊賣菜的奶奶誇說「你好棒哦」，當

宮燈教室
攝影：吳秋霞

聽到默默無聞的貓咖老闆娘救助了許多流浪貓狗的故事，我都能感受到真實的人間溫度。而過去的幾個月裡，雖然大家每天都在吐槽生活的種種，但也漸漸地愛上了這個地方。我們會開始頻繁出入香氣能飄到宿舍裡的炸雞店和冬日裡最能帶來慰藉的紅豆湯店，開始接受並習慣上這邊的飲食習慣；偶爾我們也會嘗試著像台灣同學那樣搭配，互相調侃今天穿的是不是很「台」。遇見不一樣的事物，感受不一樣的文化撞擊，這段經歷將會成為我們人生中閃閃發光的一段往事，甚至可能影響我們的一生。

在寫這篇日記時，淡水已經正式進入了潮濕陰冷的冬季，皺巴巴的潮濕衣物和無數的課題報告組成了我生活的大部分，而我蜷縮成一團坐在淡江學園的寢室裡寫下了這篇無厘頭的日記。2019 年我在長安山間，108 年我在淡水河邊，我的時間開始交錯。

宮燈教室
攝影：吳秋霞

後記

葉澤平

　　大三這年，福建師範大學 2017 級文化產業管理班的大家第一次遠離了父母，遠離了熟悉的地方，全班一起來到台灣進行交流學習。在這期間，38 位擁有有趣靈魂的同學共同完成了這本《繁星閃爍時》，以此來記錄我們這年的所思所感，可以說這本書的內容就是我們每個人，我們每個人都組成了這本書。

　　還記得我們班級初到台灣的第一個假期，我們不約而同的都去了十分放天燈，在那裡，我們用毛筆寫下了對未來的期許，還有對夢想的執著，當放飛它們時，我們看到了許多溫暖明亮的天燈在暗藍色的夜空中綻放，如同繁星點點一般，這美麗的場景就是我們對於台灣的第一個記憶。因此我們選擇將這一幕永遠定格，作為我們在台灣日記的封面，希望多年以後再度翻開這本書，我們將會回憶起在那段最璀璨的歲月裡，我們彼此的相遇，這段經歷我們將永遠銘記！

　　最後感謝本書的主編——吳秋霞老師，沒有她夜以繼日的付出，我們的書很難做到這麼好看，她一個人就完成了整本書將近十萬字的排版工作，有些同學的照片解析度太低，吳老師還會特地的去到我們日記中所寫的地方去現場拍照，為的就是我們這本《繁星閃爍時》的完整性。真的很感謝老師在有那麼繁重的課業的同時，還為了我們班的這本書盡心盡力。因為新冠疫情的原因，我們沒辦法當面告別，希望以後能夠有機會大家再一起相聚一堂。

國家圖書館出版品預行編目資料

繁星閃爍時 / 2017級文產班38位同學作者群. --
一版. -- 新北市 : 淡大出版中心, 2020.08
　面；　公分. -- (淡江書系 ; TB023)
ISBN 978-957-8736-56-6(平裝)

1.兩岸交流 2.高等教育 3.留學生 4.臺灣

529.2733　　　　　　　　　　109009155

淡江書系 TB023　　　　　　　　ISBN 978-957-8736-56-6

繁星閃爍時

主　　　編	吳秋霞、黃乃江
作 者 群	2017級文產班38位同學
主　　　任	歐陽崇榮
總 編 輯	吳秋霞
行 政 編 輯	張瑜倫
攝　　　影	田金益、吳秋霞、鄞子宸、劉婉君、蘇寶蓮、2017級文產班同學
封 面 設 計	斐類設計工作室
印 刷 廠	中茂分色製版有限公司

發 行 人	葛煥昭
出 版 者	淡江大學出版中心
	地址：25137 新北市淡水區英專路151號
	電話：02–86318661/傳真：02–86318660
出 版 日 期	2020年9月 一版一刷
定　　　價	420元

總 經 銷	紅螞蟻圖書有限公司
展 售 處	淡江大學出版中心
	地址：新北市25137 淡水區英專路151號海博館1樓
	電話：02–86318661 傳真：02–86318660